KOREAN for BEGINNERS

KSL
한국어 첫걸음

전체 듣기 Listen to all recordings

KOREAN for BEGINNERS

KSL 한국어 첫걸음

김정심 • 이혜영 지음

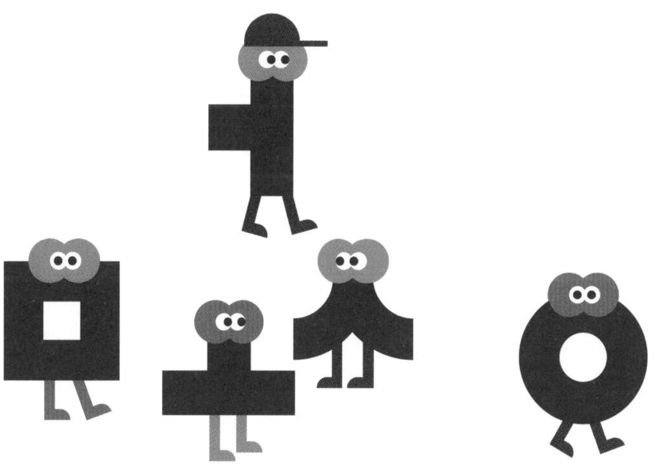

마리북스

저자의 말

안녕하세요, 여러분!
우리는 제2 언어로서의 한국어를 공부하는 학생들에게 한국어를 가르치는 선생님입니다. 이렇게 만나게 되어 반갑습니다.

한글은 과학적으로 만들어진 소리글자입니다. 따라서 글자를 읽고 쓰기는 쉽지만, 꾸준히 공부하지 않으면 뜻을 제대로 알기 어렵습니다. 《KSL 한국어 첫걸음》은 한국어 공부의 시작인 한글의 모음과 자음을 배우는 책입니다. 'KSL 한국어 교육 과정'을 바탕으로 한국어의 듣기, 말하기, 읽기, 쓰기를 체계적으로 공부할 수 있습니다.

《KSL 한국어 첫걸음》은 세계 여러 나라의 친구들이 모두 함께 할 수 있는 한국어 공부 방법입니다. 다양한 활동을 통해 한국어를 처음 배우는 사람 누구나 쉽게 따라하고 한글의 모음과 자음을 정확하게 익힐 수 있습니다.

부디 이 책이 한국어 공부를 처음 시작하는 다양한 나라의 친구들에게 좋은 선물이 되기를 바랍니다.

2023년 9월
김정심, 이혜영

이 책의 구성

제2 언어로서의 한국어 교육 과정(KSL, Korean as a Second Language)으로 배우는 《KSL 한국어 첫걸음》은 아래 4단계 학습으로 구성되어 있어요.

1단계 낱말 익히기

각 과에서 배우는 한글이 들어간 낱말을 그림을 보며 익혀요.

2단계 듣고 따라 읽기

주어진 글자의 발음을 듣고 따라 읽어요.

3단계 다양한 활동으로 배우기

글자 찾기, 그림 찾기, 낱말 완성하기, 줄로 연결하기 같은 다양한 활동을 하며 한국어를 배워요.

4단계 복습하기

재미있는 활동을 하며 배운 내용을 복습해요. 낱말 그림 카드, 글자 고르기, 가로세로 낱말, 그림 그리기, 그림 줄빙고 놀이를 하며 한국어 공부를 해요.

차례

KSL 한국어 첫걸음 KOREAN for BEGINNERS

저자의 말 ······ 4
이 책의 구성 ······ 5

모음 1

01. ㅏ, ㅓ ······ 10
02. ㅗ, ㅜ ······ 14
03. ㅡ, ㅣ ······ 18
04. ㅐ, ㅔ ······ 22
05. ㅑ, ㅕ ······ 26
06. ㅛ, ㅠ ······ 30
다시 공부하기 ······ 34

자음

07. ㄱ, ㅋ ······ 52
08. ㄴ, ㄷ, ㅌ ······ 56
09. ㅁ, ㅂ, ㅍ ······ 60
10. ㅅ ······ 64
11. ㅈ, ㅊ ······ 68
12. ㄹ ······ 72
13. ㅎ ······ 76
14. ㄲ, ㄸ, ㅃ, ㅆ, ㅉ ······ 80
다시 공부하기 ······ 84

받침

15. 받침 ㅁ 104
16. 받침 ㅇ 108
17. 받침 ㄴ, ㄹ 112
18. 받침 ㅂ, ㅍ 116
19. 받침 ㄱ, ㄲ, ㅋ 120
20. 받침 ㄷ, ㅅ, ㅆ, ㅈ, ㅊ, ㅌ, ㅎ 124
21. 겹받침 130
다시 공부하기 136

모음 2

22. ㅒ, ㅖ 156
23. ㅘ, ㅝ 160
24. ㅟ, ㅢ 164
25. ㅙ, ㅚ, ㅞ 168
다시 공부하기 172

정답 189
책 만들기 201

모음 1

01.

ㅏ, ㅓ

아 어

1 잘 듣고 위 그림의 낱말을 익혀 보세요.

어부 아버지 아침 아저씨

아이 어른 아기 어머니

2 듣고 따라해 보세요.

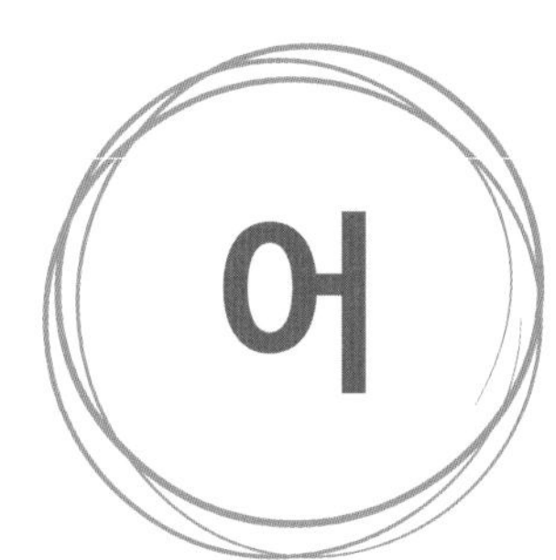

❸ 바르게 써 보세요.

아	야	야	야						
어	여	여	여						

❹ ㅏ, ㅓ가 있는 글자를 찾아보세요.

어 야 우 으 요 유 우
요 오 아 아 여
아 어 우 이
오 유 유 어 아
여 여 오 으 우 이
오 어

ㅏ 는 모두 (   )개예요.

ㅓ 는 모두 (   )개예요.

❺ 잘 듣고 알맞은 그림을 찾아 ○ 하세요.

✚ 듣기 아이, 어머니, 아버지, 어부, 여름

❻ 잘 듣고 낱말을 완성하세요.

✚ 듣기 아이, 어머니, 아버지, 아들, 어부, 어른, 아침, 아기

❼ 다음을 알맞게 연결하세요.

① 어른 •

• 

② 아이 •

• 

③ 어머니 •

• 

④ 아침 •

• 

8 〈보기〉에 있는 낱말을 찾아 ○ 하세요.

〈 보기 〉

- ☑ 어머니
- ☐ 아버지
- ☐ 아이
- ☐ 어부
- ☐ 아침
- ☐ 아기

아	기	누	어	부	느	비
우	버	머	비	나	무	아
바	우	니	요	요	비	여
지	유	아	침	아	여	어
아	버	지	우	이	무	머
어	바	니	오	리	지	니

9 듣고 따라 읽어 보세요.

아버지와 어머니가 아이를 사랑해요.

02.

ㅗ, ㅜ

오 우

1 잘 듣고 위 그림의 낱말을 익혀 보세요.

고기 오이

우유 소 우주선

오 오리 우산 구

2 듣고 따라해 보세요.

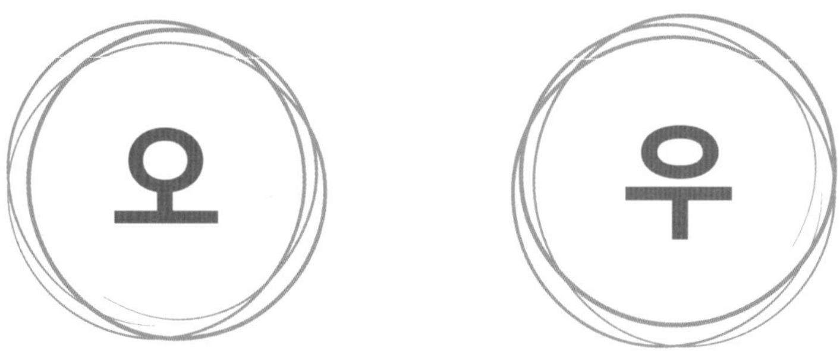

③ 바르게 써 보세요.

오	오	오	오						
우	우	우	우						

④ ㅗ, ㅜ가 있는 글자를 찾아보세요.

어 야 우 으 요 유 우
유 아
요 오 여
아 어 우 유 이
오 요
유 여 여 으 어
오 요 오 우 이

ㅗ는 모두 (　　　)개예요.

ㅜ는 모두 (　　　)개예요.

⑤ 잘 듣고 알맞은 그림을 찾아 ○ 하세요.

✚ 듣기 오리, 우유, 소, 구

6 잘 듣고 낱말을 완성하세요.

✚ 듣기 우산, 오, 우주선, 오리, 고기, 우유, 구, 소

7 다음을 알맞게 연결하세요.

① 소 •

② 너 •

③ 구 •

④ 나 •

8 같은 낱말을 찾아 ○ 하세요.

	오이	우이	오아	오이	어이
	우유	우유	유우	여유	오유
	고기	구기	거기	고기	고거
9	구	가	거	고	구
	어머니	어머니	아머니	아버니	아버지

9 듣고 따라 읽어 보세요.

소가 우리에게 우유를 줘요.

03. ㅡ, ㅣ

으 이

1 잘 듣고 위 그림의 낱말을 익혀 보세요.

그림 오이 으 이사 기차 마스크 으앙 이 이불

2 듣고 따라해 보세요.

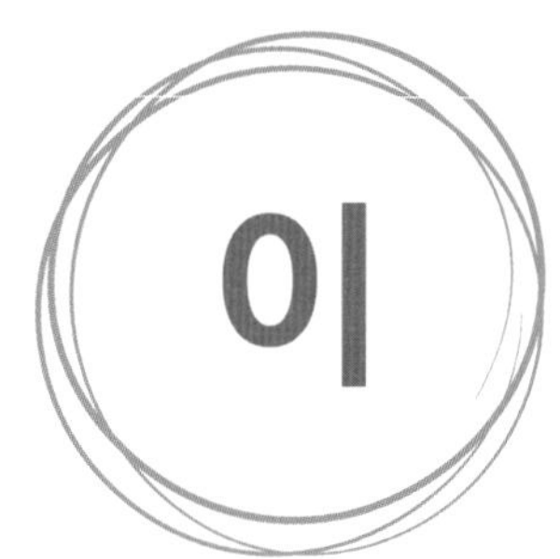

❸ 바르게 써 보세요.

으	으	으	으					
이	이	이	이					

❹ ㅡ, ㅣ가 있는 글자를 찾아보세요.

야 우 여 아 야 우 오
에 애 여
아 어
야 우 이 여 으
오 유 여
우 여 애
여 이 으 야
애 오 에

는 모두 (   )개예요.

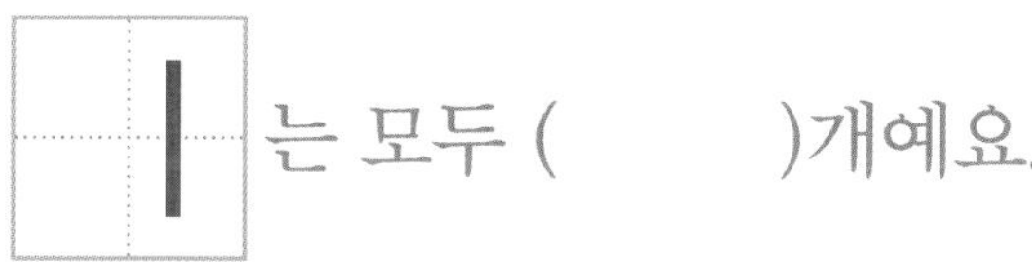
는 모두 (   )개예요.

❺ 잘 듣고 알맞은 그림을 찾아 ○ 하세요.

✚ 듣기 그림, 오이, 이, 마스크, 기차

6 잘 듣고 낱말을 완성하세요.

✚ 보기 마스크, 이불, 이사, 오, 이, 그림, 기차, 오이

마 ㅅ ㅋ

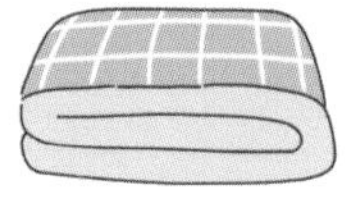

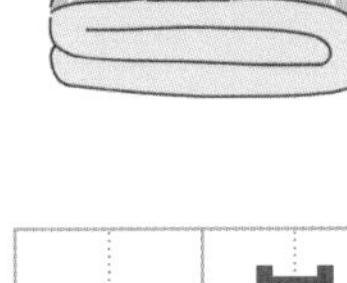

ㅇ 불

ㅇ 사

ㅇ

2

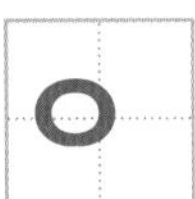

ㅇ

ㄱ 림

ㄱ 차

오 ㅇ

7 다음을 알맞게 연결하세요.

① 소 •

② 이 •

③ 그림 •

④ 기차 •

•

• TRAIN

• 2

•

8 〈보기〉에 있는 낱말을 찾아 ○ 하세요.

〈 보기 〉

- ☐ 이사
- ☐ 기차
- ☐ 이불
- ☐ 그림
- ☐ 으앙
- ☐ 오이

아	소	어	부	으	버	비
이	기	이	머	무	앙	불
우	그	림	바	니	지	기
이	우	니	요	오	이	차
불	유	아	이	너	아	지
마	스	크	사	버	이	구

9 듣고 따라 읽어 보세요.

아이가 기차 그림을 봐요.

04. ㅐ, ㅔ

애 에

1 잘 듣고 위 그림의 낱말을 익혀 보세요.

제비 배 그네 개 가게
게 베개 개미 애벌레

2 듣고 따라해 보세요.

❸ 바르게 써 보세요.

애	애	애	애						
에	에	에	에						

❹ ㅐ, ㅔ가 있는 글자를 찾아보세요.

ㅐ는 모두 (　　　)개예요.

ㅔ는 모두 (　　　)개예요.

❺ 잘 듣고 알맞은 그림을 찾아 ○ 하세요.

✚ 듣기 애벌레, 제비, 가게, 배

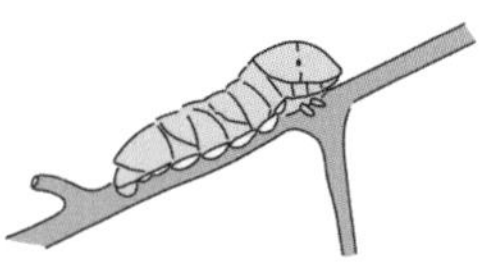

2

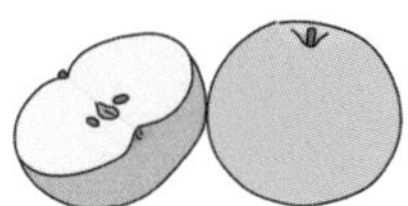

❻ 잘 듣고 낱말을 완성하세요.

✚ 듣기 개미, 게, 애벌레, 그네, 제비, 개, 가게, 베개

ㄱ 미

ㄱ

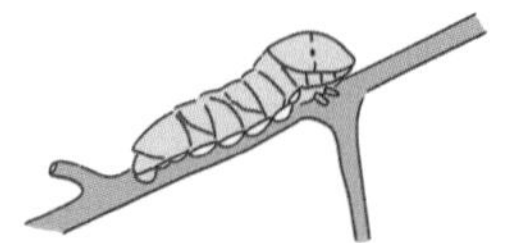

벌 ㄹ

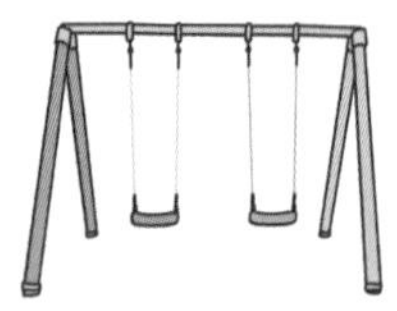

그 ㄴ

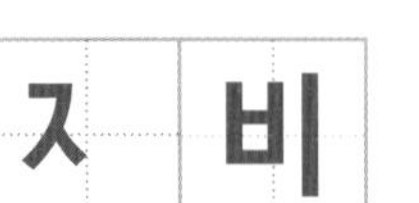

ㅈ 비

ㄱ

가 ㄱ

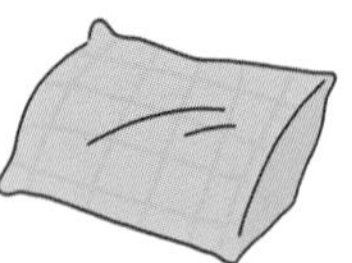

ㅂ ㄱ

❼ 다음을 알맞게 연결하세요.

① 개 •

② 이 •

③ 게 •

④ 그림 •

• 

• 

• 2

•

8 같은 낱말을 찾아 ○ 하세요.

	개	게	거	개	가
	게	개	게	거	구
	배	배	베	버	바
	베개	배게	배개	버게	베개
	이사	으사	이사	이서	어사

9 듣고 따라 읽어 보세요.

그네 위에 개미가 있어요.

05.

ㅑ, ㅕ

야 여

1 잘 듣고 위 그림의 낱말을 익혀 보세요.

야옹 여우 여치

여름 여자 야호

야자수 야구

2 듣고 따라해 보세요.

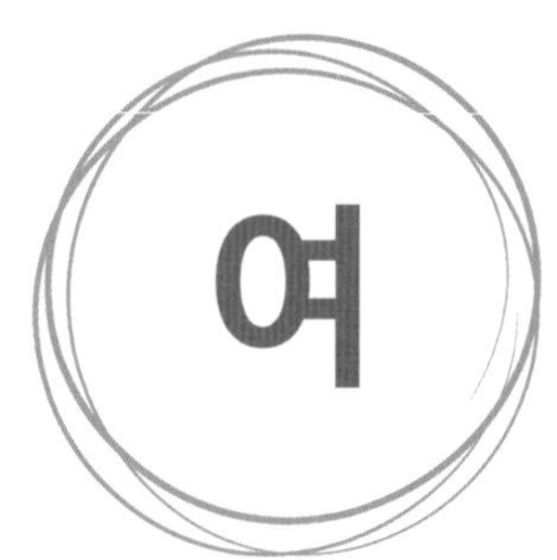

3 바르게 써 보세요.

야	야	야	야						
여	여	여	여						

4 ㅑ, ㅕ가 있는 글자를 찾아보세요.

야 우 여 아 야 에 애 우 여 여

오 야 어 으 이 여 야

오 여 여 여 여 애

여 애 이 이 에 으 야 오

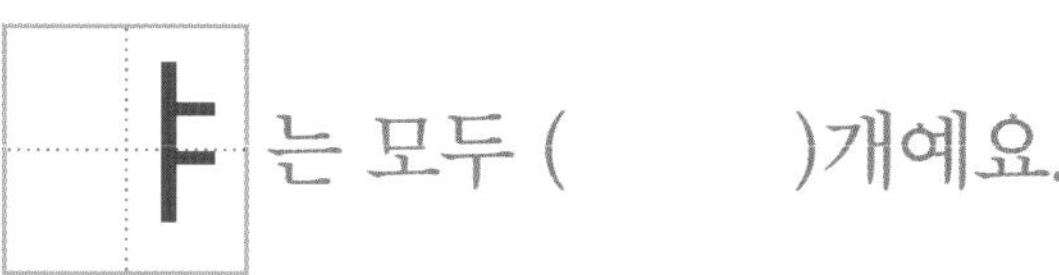

ㅑ는 모두 (　　　)개예요.

ㅕ는 모두 (　　　)개예요.

5 잘 듣고 알맞은 그림을 찾아 ○ 하세요.

✚ 듣기 여우, 여름, 여자, 야구

6 잘 듣고 낱말을 완성하세요.

✚ 듣기 여우, 야옹, 야호, 여자, 야구, 여름, 여치, 야자수

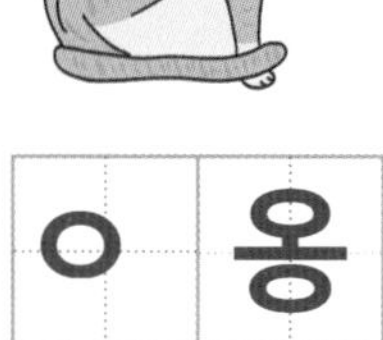

ㅇ	우

ㅇ	옹

ㅇ	호

ㅇ	자

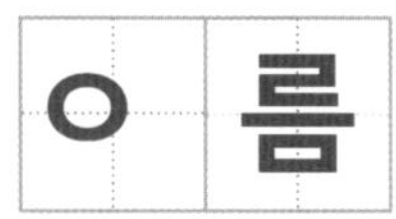

ㅇ	구

ㅇ	름

ㅇ	치

ㅇ	자	수

7 다음을 알맞게 연결하세요.

① 개 •　　　　• 

② 여우 •　　　　• 

③ 야호 •　　　　• 

④ 게 •　　　　• 

8 〈보기〉에 있는 낱말을 찾아 ○ 하세요.

〈보기〉

- ☐ 여우
- ☐ 야구
- ☐ 야호
- ☐ 여자
- ☐ 여치
- ☐ 야옹

거	미	어	야	민	여	자
여	우	이	호	자	기	해
매	아	구	가	레	수	아
야	이	가	게	야	비	버
옹	민	여	크	구	미	스
해	스	치	유	버	개	앙

9 듣고 따라 읽어 보세요.

여우가 야구를 해요.

06.

ㅛ, ㅠ

요 유

1 잘 듣고 위 그림의 낱말을 익혀 보세요.

요트 요요 우유 휴지 유니콘

교실 요리사 유리 유아차

2 듣고 따라해 보세요.

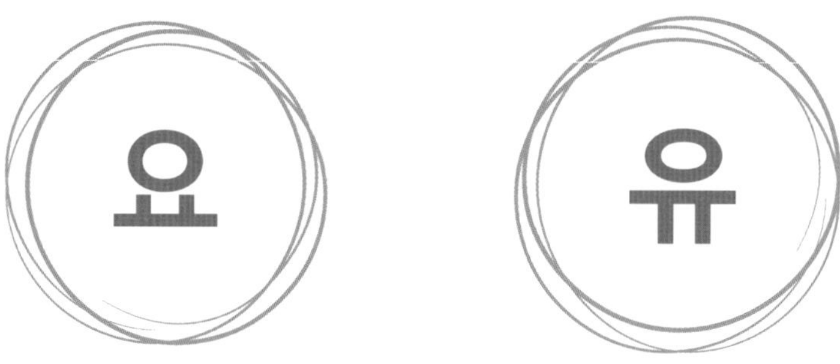

3 바르게 써 보세요.

요	요	요	요						
유	유	유	유						

4 ㅛ, ㅠ가 있는 글자를 찾아보세요.

ㅛ 는 모두 (　　　)개예요.

ㅠ 는 모두 (　　　)개예요.

5 잘 듣고 알맞은 그림을 찾아 ○ 하세요.

✚ 듣기 우유, 요리사, 요요, 유니콘

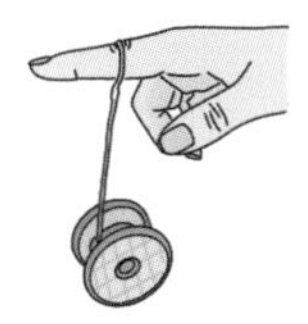

6 잘 듣고 낱말을 완성하세요.

✚ 듣기 요요, 우유, 교실, 요리사, 유니콘, 요트, 휴지, 유리

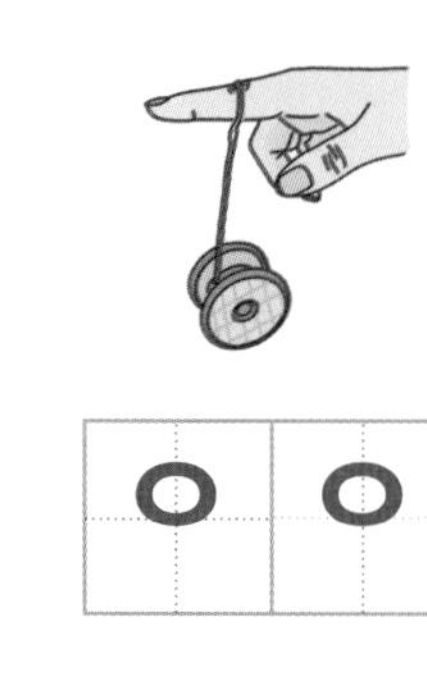

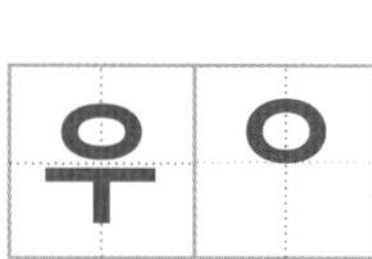

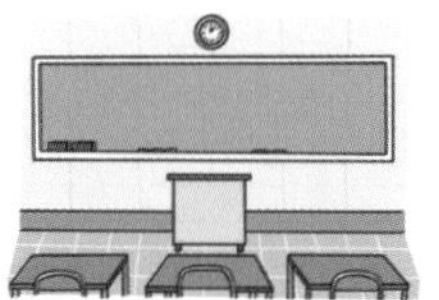

7 다음을 알맞게 연결하세요.

① 야호 •　　　　• 

② 여치 •　　　　• 

③ 우유 •　　　　• 

④ 요리사 •　　　　• 

8 같은 낱말을 찾아 ○ 하세요.

	요리사	요리사	요라사	유리사	유라소
	유니콘	유나콘	유니콘	요니콘	요너콘
	교실	규실	규살	겨실	교실
	휴지	효지	휴자	휴지	후자
	야구	야구	야고	여고	여구

9 듣고 따라 읽어 보세요.

아버지가 우유로 요리해요.

다시 공부하기

그림 카드를 보며 다시 한번 공부하세요.

아기

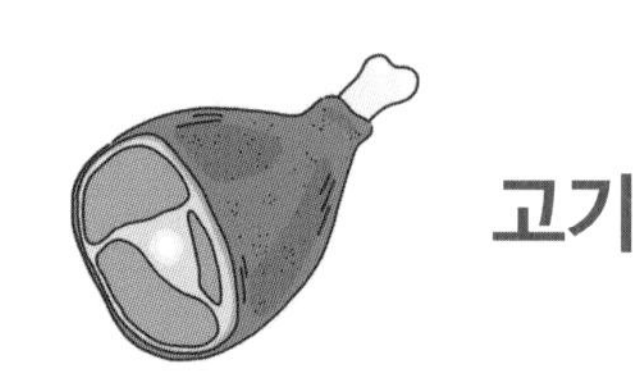

고기

기차

아침

그림

야호

어른

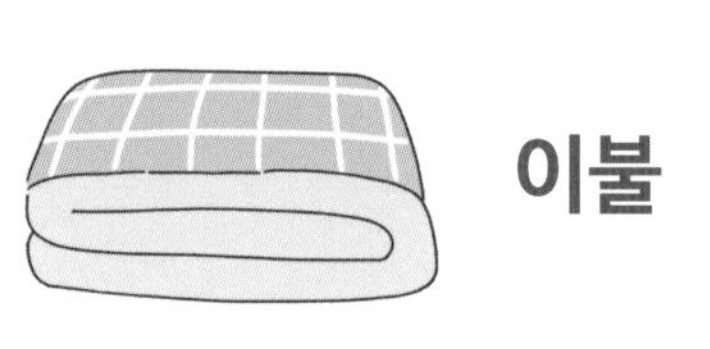

이불

여우

소

개

요리사

9

구

게

우유

다시 공부하기

그림 카드를 보며 다시 한번 공부하세요.

다시 공부하기

그림에 맞는 글자를 찾아 ○ 하세요.

어	오	우	요	유

아	오	이	라	리

야	여	요	오	우

야	여	요	고	구

아	어	머	모	니

개	게	마	미

아	어	바	버	지

어	요	라	리	사

아	어	에	으	이

가	그	기	차	치

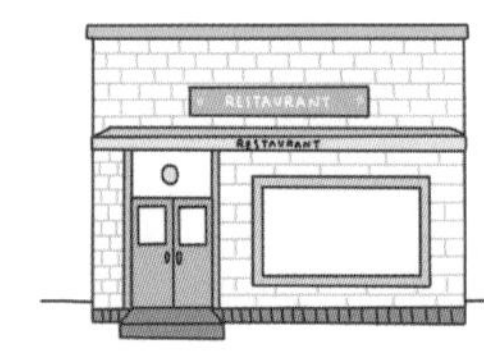

가	고	구	게	개

거	구	그	람	림

아	어	오	우	이

어	이	으	앙	잉

교	고	겨	실	솔

다시 공부하기

다음 그림의 낱말을 찾아 ○ 하세요.

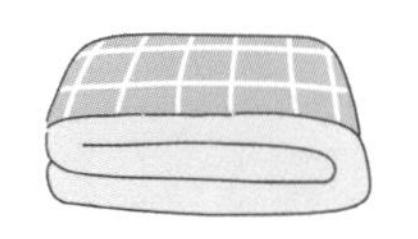

아	유	이	부	유	어	오	이	리	그
머	버	구	나	리	부	우	사	지	림
지	기	지	너	어	바	비	가	나	다
아	머	니	소	머	무	으	앙	야	우
우	산	지	라	니	지	어	자	으	유
요	기	이	지	아	개	로	보	기	이
리	우	불	차	츠	주	아	이	버	차

다시 공부하기

다음 그림의 낱말을 찾아 ○ 하세요.

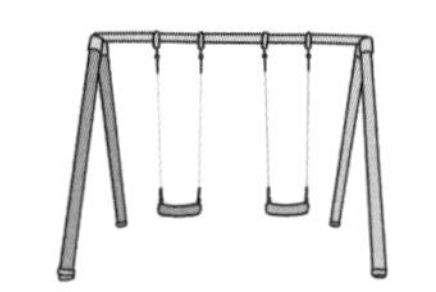
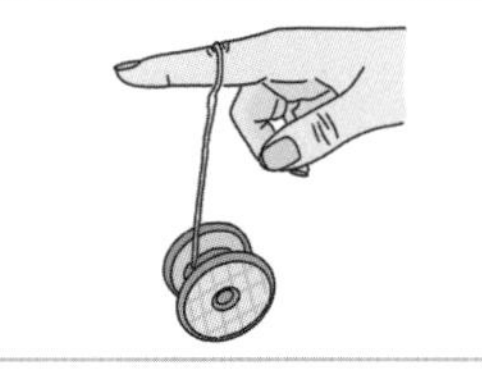

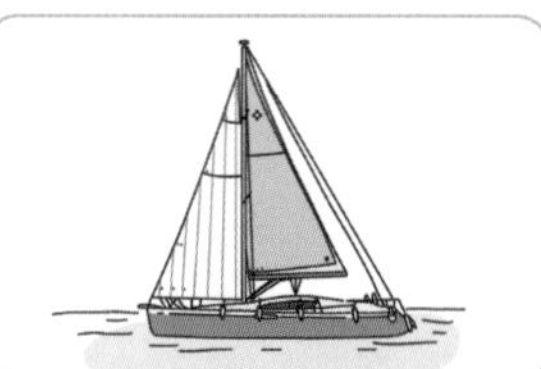

우	리	어	머	요	요	유	자	우	요
아	요	트	지	유	리	그	네	가	개
버	리	그	내	여	사	개	지	우	미
리	사	자	아	주	우	지	오	게	유
야	응	두	여	구	가	야	으	가	리
옹	가	남	자	고	게	구	앙	나	너
가	요	라	시	개	고	라	리	오	리

다시 공부하기

낱말을 받아쓰세요.

1
2
3
4
5
6
7
8
9
10

1
2
3
4
5
6
7
8
9
10

다시 공부하기

그림을 그려 보세요.

아이	오리	우산

요요	야구	마스크

애벌레	배	베개

다시 공부하기

그림에 알맞은 낱말을 보기에서 찾아 쓰세요.

〈보기〉 아기, 아버지, 오이, 아이, 게, 개, 우산, 여자,
이, 요리사, 야옹, 우유, 야구, 그림, 여우, 어부

다시 공부하기

다음 모음이 들어가는 낱말을 쓰세요.

〈보기〉 ㅏ, ㅓ, ㅗ, ㅜ, ㅡ, ㅣ,
ㅐ, ㅔ, ㅑ, ㅛ, ㅠ

ㅈ ㅂ

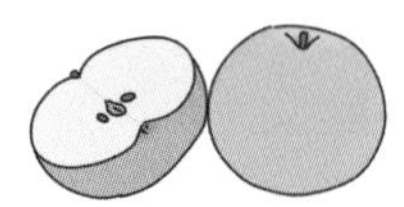
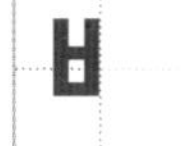

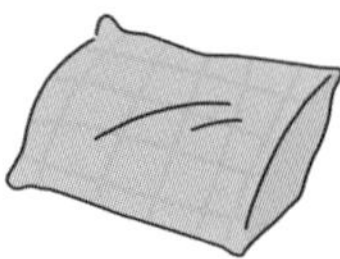
ㅂ ㄱ

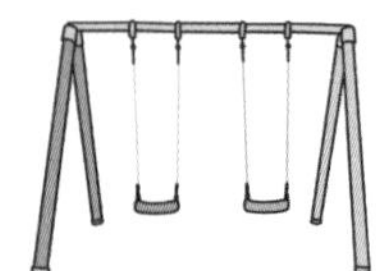
ㄱ ㄴ

ㄱ 차

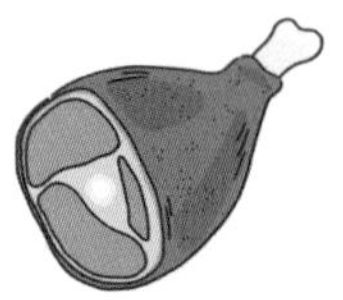

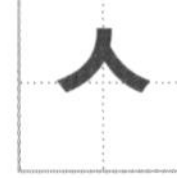

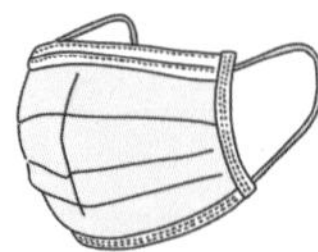

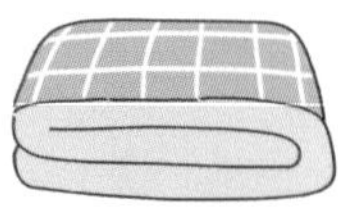

ㄱ ㅁ

다시 공부하기

그림을 그려 보세요.

소	이불	게

그네	여우	우유

오이	기차	어부

다시 공부하기

낱말을 받아쓰세요.

1

2

3

4

5

6

7

8

9

10

1

2

3

4

5

6

7

8

9

10

다시 공부하기

낱말 빙고 놀이를 해 봅시다.

〈놀이 방법〉 1. 주어진 낱말을 아래 빙고 칸에 자유롭게 써 넣으세요.
2. 친구들과 재미있게 빙고 놀이를 해요.

어머니	구	고기
베개	오	개
아이	요요	우유

오이	으	우주선
야구	오리	가게
요리사	여우	개미

아버지	아기	야옹
요트	으앙	어부
오리	여우	이불

우산	아이	배
게	기차	그림
야호	아침	어른

다시 공부하기

그림 줄빙고 놀이를 해 봅시다.

〈놀이 방법〉

1. 가위로 한 줄씩 오린 다음 하나를 골라요.
2. 돌아가면서 낱말을 말해요.
3. 친구가 말한 낱말 그림이 양쪽 끝에 있으면 그 그림만 잘라서 내려놓아요.
4. 먼저 다 내려놓는 친구가 이겨요.

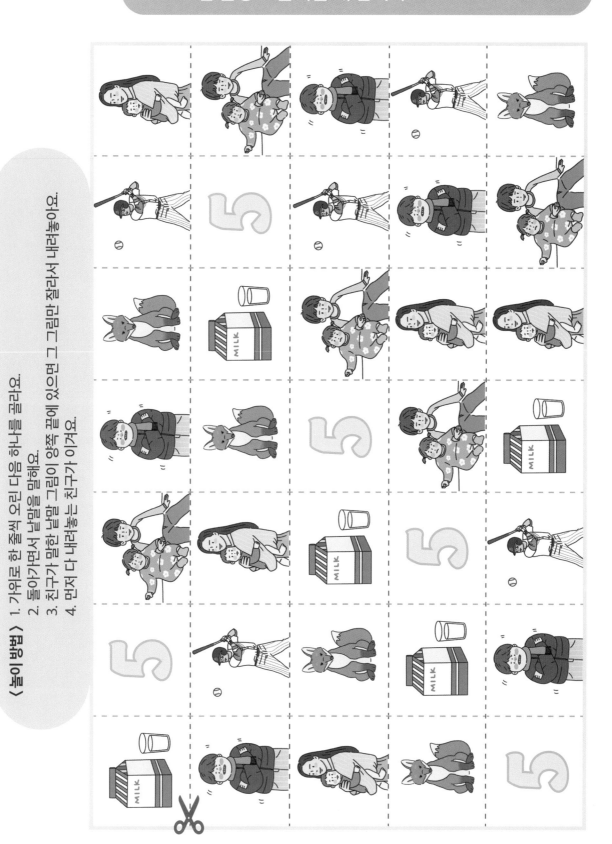

다시 공부하기

그림 줄빙고 놀이를 해 봅시다.

〈 놀이 방법 〉

1. 가위로 한 줄씩 오린 다음 하나를 골라요.
2. 돌아가면서 낱말을 말해요.
3. 친구가 말한 낱말 그림이 양쪽 끝에 있으면 그 그림만 잘라서 내려놓아요.
4. 먼저 다 내려놓는 친구가 이겨요.

자음

07.

ㄱ, ㅋ

기역 키읔

1 잘 듣고 위 그림의 낱말을 익혀 보세요.

구름 커피 코

쿠키 고래 기린

거미 코끼리 키

2 듣고 따라해 보세요.

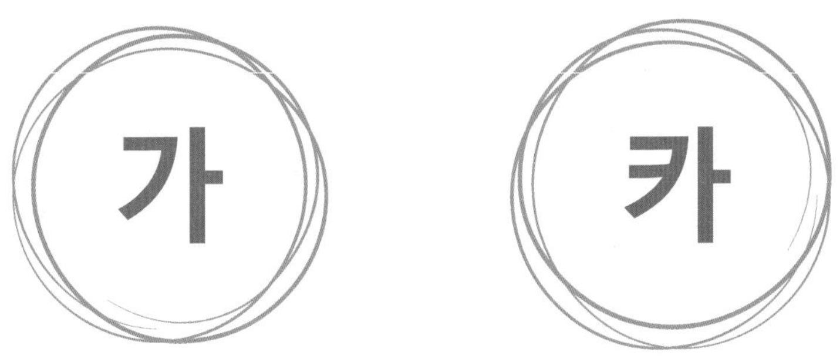

③ 바르게 쓰고 소리 내어 읽어 보세요.

			ㅏ	ㅓ	ㅗ	ㅜ	ㅡ	ㅣ
ㄱ	❶ ㄱ	ㄱ						
ㅋ	❶ ❷ ㅋ	ㅋ						

④ ㄱ, ㅋ이 있는 글자를 찾아보세요.

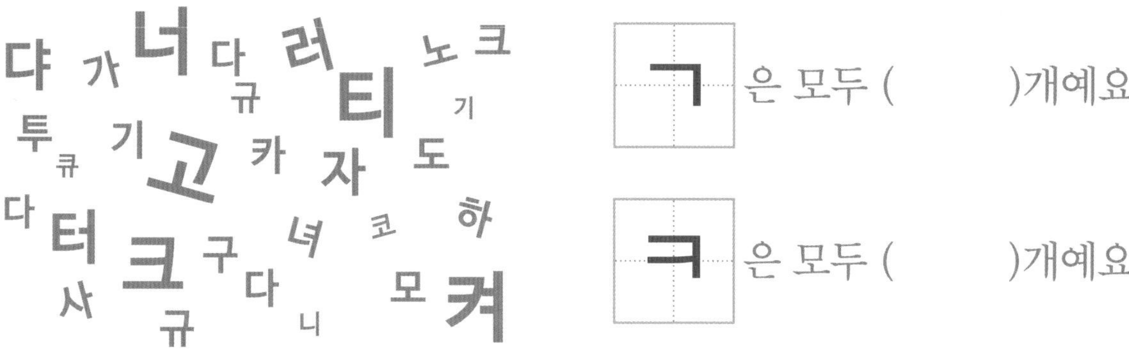

ㄱ 은 모두 ( )개예요.

ㅋ 은 모두 ( )개예요.

⑤ 잘 듣고 알맞은 그림을 찾아 ○ 하세요.

✚ 듣기 커피, 구름, 코, 거미

❻ 그림의 낱말을 아래에서 찾아 ○ 하고 빈칸에 쓰세요.

거	미	구	고	유	구	자	자
여	우	키	양	자	름	꾸	쿠
매	야	리	이	으	쿠	고	키
개	코	창	게	피	구	래	요
코	끼	리	사	구	미	스	스
해	라	카	개	유	두	쿠	커
구	리	기	린	유	지	거	피

7 잘 듣고 낱말을 완성하세요.

듣기 거미, 코끼리, 기린, 쿠키, 코, 구름, 키, 커피

8 듣고 따라 읽어 보세요.

기린과 코끼리는 고기를 안 먹어요.

08.

ㄴ, ㄷ, ㅌ

니은 디귿 티읕

1 잘 듣고 위 그림의 낱말을 익혀 보세요.

두더지 너구리 구두 다리미

타조 나무 도토리 토끼 토마토

2 듣고 따라해 보세요.

3 바르게 쓰고 소리 내어 읽어 보세요.

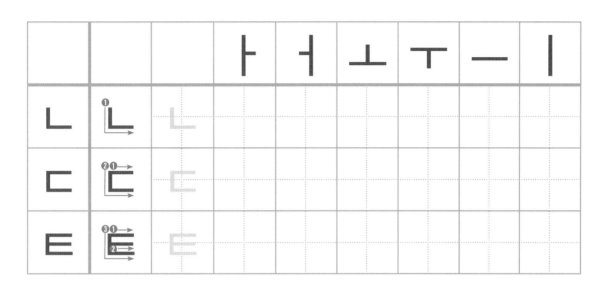

			ㅏ	ㅓ	ㅗ	ㅜ	ㅡ	ㅣ
ㄴ	ㄴ	ㄴ						
ㄷ	ㄷ	ㄷ						
ㅌ	ㅌ	ㅌ						

4 ㄴ, ㄷ, ㅌ이 있는 글자를 찾아보세요.

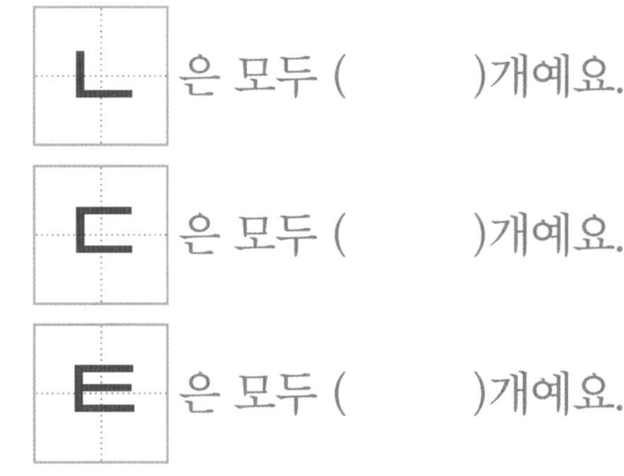

ㄴ 은 모두 ( )개예요.
ㄷ 은 모두 ( )개예요.
ㅌ 은 모두 ( )개예요.

5 잘 듣고 알맞은 그림을 찾아 ○ 하세요.

✚ 듣기 너구리, 토끼, 도토리, 두더지, 나무

6 다음을 알맞게 연결하세요.

① 나무 •　　　　• 

② 토마토 •　　　　• 

③ 도토리 •　　　　• 

④ 너구리 •　　　　• 

⑤ 코 •　　　　• 

7 같은 낱말을 찾아 ○ 하세요.

	너구리	가구리	너구리	러구리	마고리
	도토리	토토리	도도리	도토라	도토리
	타조	다조	타조	자토	타주
	토끼	토끼	도끼	도키	토기
	기린	가린	키린	기린	카린

❽ 잘 듣고 낱말을 완성하세요.

✚ 듣기 두더지, 너구리, 타조, 토마토, 구두, 나무, 토끼, 도토리

❾ 듣고 따라 읽어 보세요.

나무 아래에 도토리가 있어요.

09. ㅁ, ㅂ, ㅍ

미음 비읍 피읖

❶ 잘 듣고 위 그림의 낱말을 익혀 보세요.

바다 버스 무 나비 피자
피아노 모자 포도 파리

❷ 듣고 따라해 보세요.

③ 바르게 쓰고 소리 내어 읽어 보세요.

			ㅏ	ㅓ	ㅗ	ㅜ	ㅡ	ㅣ
ㅁ	①②ㅁ③	ㅁ						
ㅂ	①③②ㅂ④	ㅂ						
ㅍ	①②ㅍ③④	ㅍ						

④ ㅁ, ㅂ, ㅍ이 있는 글자를 찾아보세요.

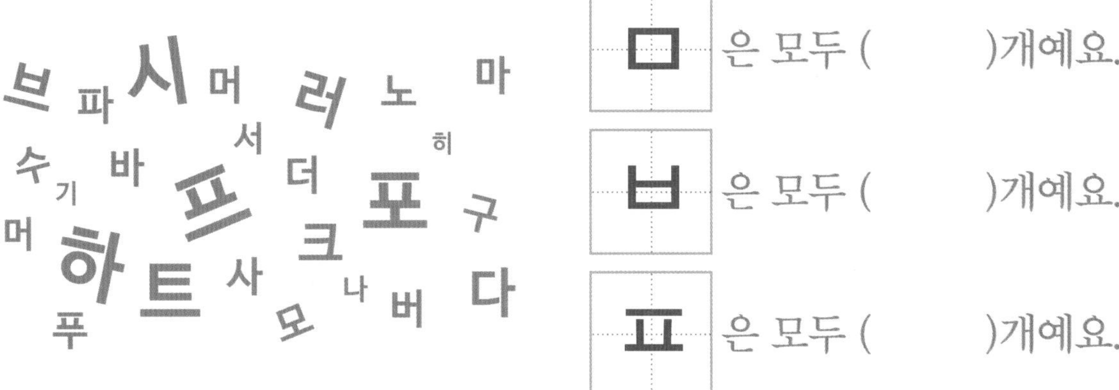

ㅁ 은 모두 (   )개예요.

ㅂ 은 모두 (   )개예요.

ㅍ 은 모두 (   )개예요.

⑤ 잘 듣고 알맞은 그림을 찾아 ○ 하세요.

✚ 듣기 나비, 무, 포도, 다리미

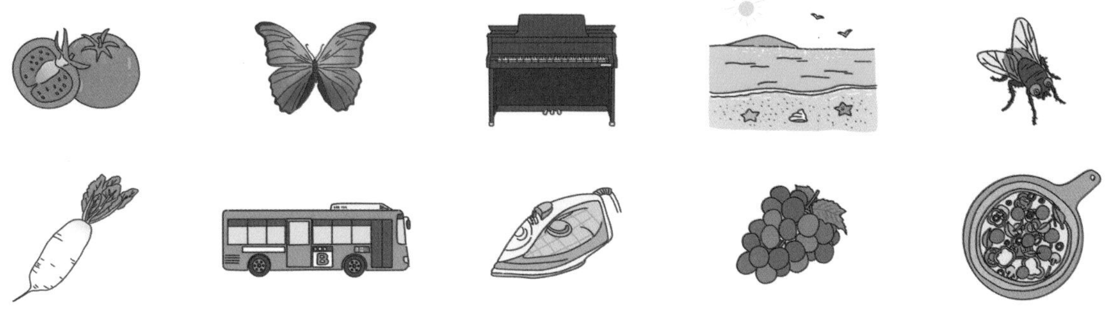

❻ 그림의 낱말을 아래에서 찾아 ○ 하고 빈칸에 쓰세요.

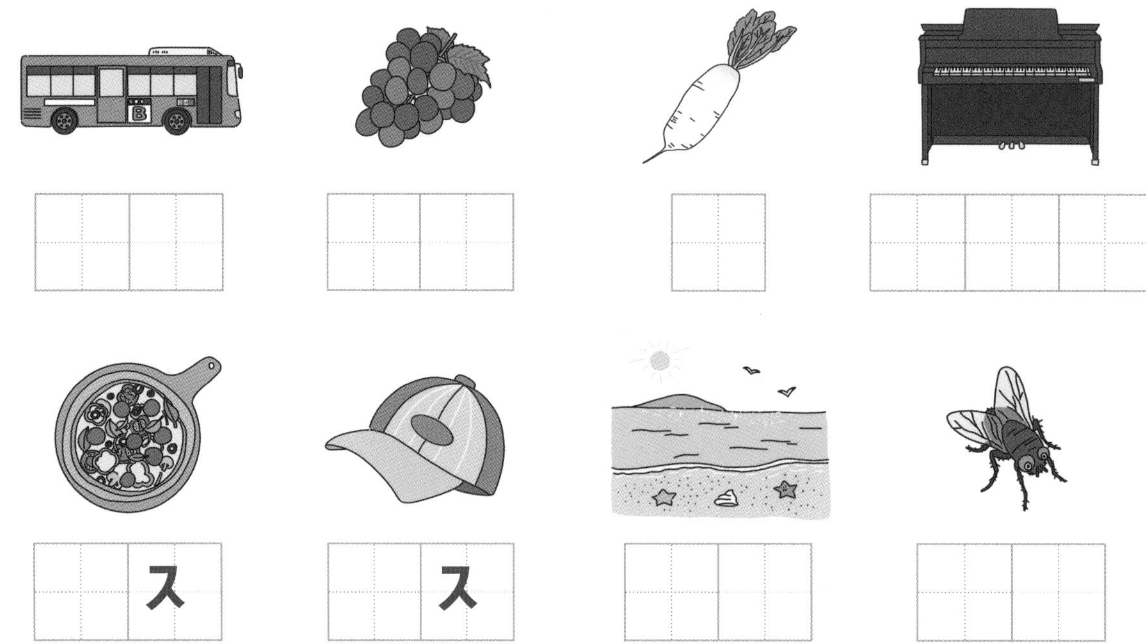

토	팝	포	도	토	구	바	파
피	자	마	머	지	마	타	다
다	나	토	비	피	주	미	포
버	코	야	우	아	부	모	자
스	끼	누	도	노	아	스	지
파	리	크	나	디	두	푸	마
해	라	커	무	추	루	맙	모

7 잘 듣고 낱말을 완성하세요.

✚ 보기 무, 피아노, 모자, 파리, 바다, 나비, 포도, 버스

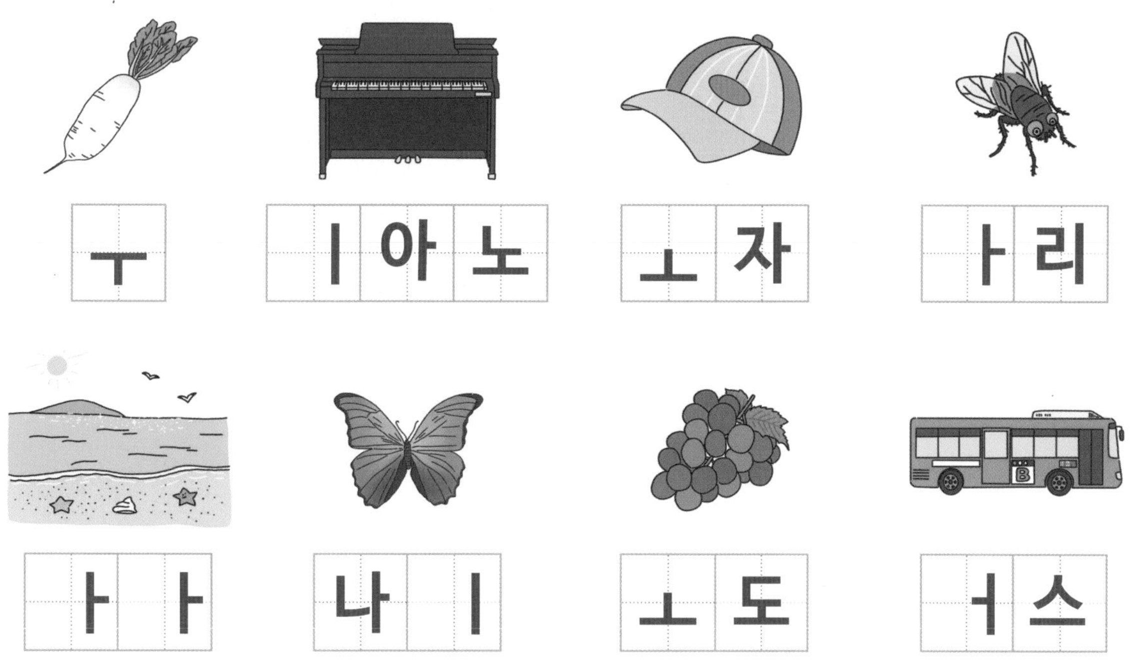

8 듣고 따라 읽어 보세요.

포도나무에 나비가 앉아 있어요.

10.

ㅅ

시옷

1 잘 듣고 위 그림의 낱말을 익혀 보세요.

시소 사자

사과 사 소라 소

주스 버스

2 듣고 따라해 보세요.

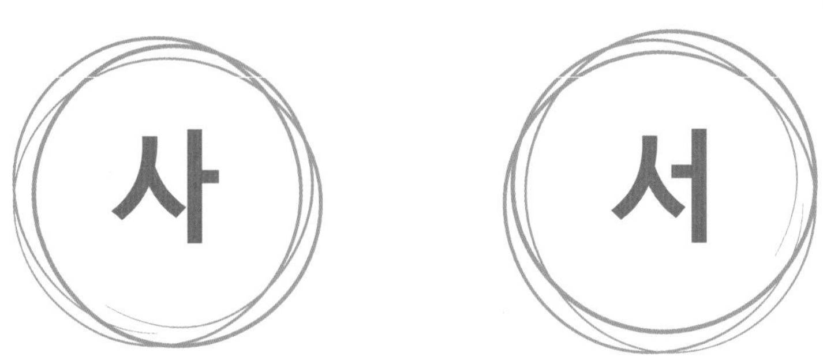

3 바르게 쓰고 소리 내어 읽어 보세요.

			ㅏ	ㅓ	ㅗ	ㅜ	ㅡ	ㅣ
ㅅ	ㅅ	ㅅ						

4 ㅅ이 있는 글자를 찾아보세요.

브 가 시 머 주 노
처 서 ㅊ
추 수 바 히 기
즈 조
더 크 구
사 파 사 나 다
하 스 트 초 버

ㅅ은 모두 (　　　)개예요.

5 잘 듣고 알맞은 그림을 찾아 ○ 하세요.

✚ 듣기 소, 시소, 사, 주스, 버스

6 다음을 알맞게 연결하세요.

① 소 • 

② 버스 • 

③ 시소 • 

④ 주스 • 

⑤ 소라 • 

7 같은 낱말을 찾아 ○ 하세요.

	시소	지소	시조	시소	소시
	사	사	자	바	수
	주스	조스	주스	수즈	스주
	사과	자과	소과	서과	사과
	포도	포두	보도	보두	포도

8 잘 듣고 낱말을 완성하세요.

✚ 듣기 주스, 시소, 사자, 사과, 소라, 사, 소, 버스

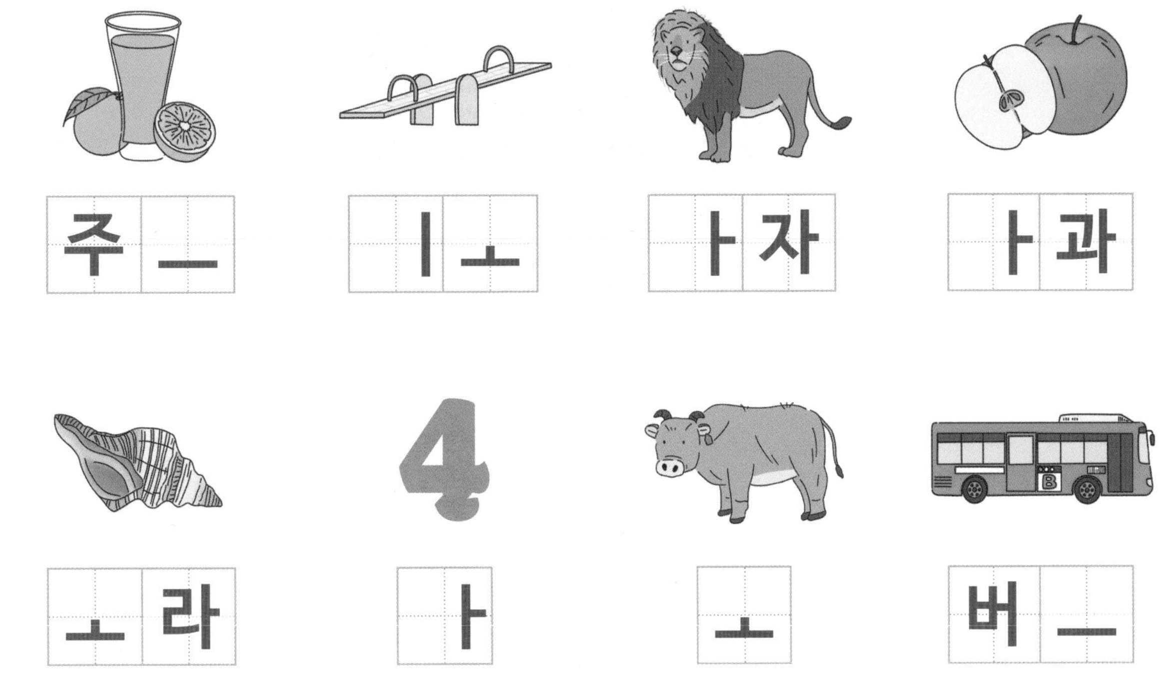

9 듣고 따라 읽어 보세요.

사과주스는 맛있어요.

11.

ㅈ, ㅊ

지읒 치읓

1 잘 듣고 위 그림의 낱말을 익혀 보세요.

자동차 치즈 바지 배추

사자 치마 모자 잠자리 자전거

2 듣고 따라해 보세요.

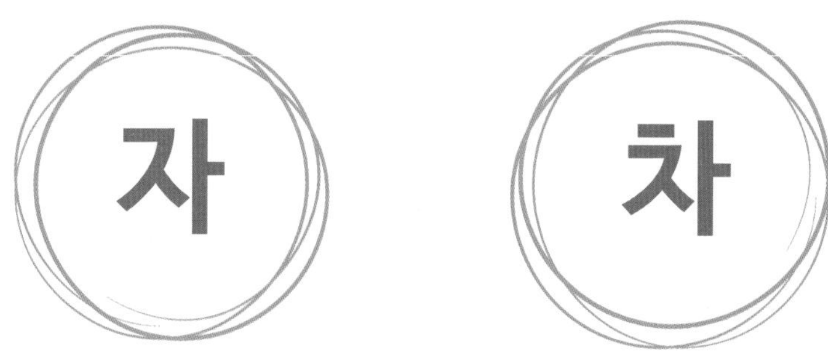

3 바르게 쓰고 소리 내어 읽어 보세요.

			ㅏ	ㅓ	ㅗ	ㅜ	ㅡ	ㅣ
ㅈ	ㅈ	ㅈ						
ㅊ	ㅊ	ㅊ						

4 ㅈ, ㅊ이 있는 글자를 찾아보세요.

댜 가 주 다 러 노 추
저 지 티 기
기 큐 고 카 자 도
다
치 코 하
터 차 구 다
사 규 니 모 초

ㅈ 은 모두 (   )개예요.

ㅊ 은 모두 (   )개예요.

5 잘 듣고 알맞은 그림을 찾아 ○ 하세요.

✚ 듣기 자동차, 자전거, 치마, 바지, 사자

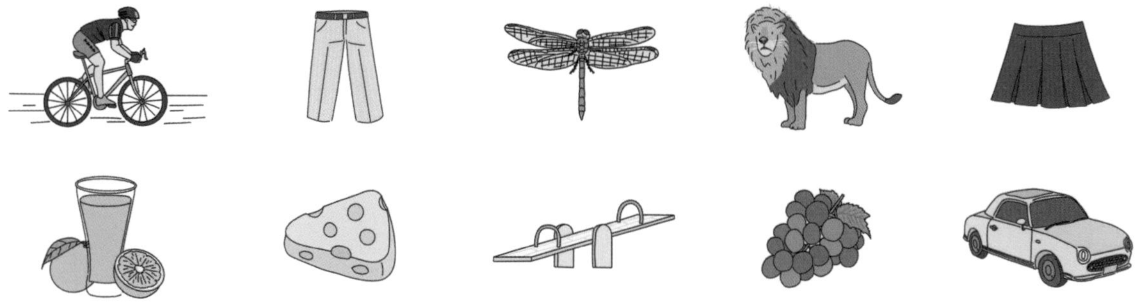

6 그림의 낱말을 아래에서 찾아 ○ 하고 빈칸에 쓰세요.

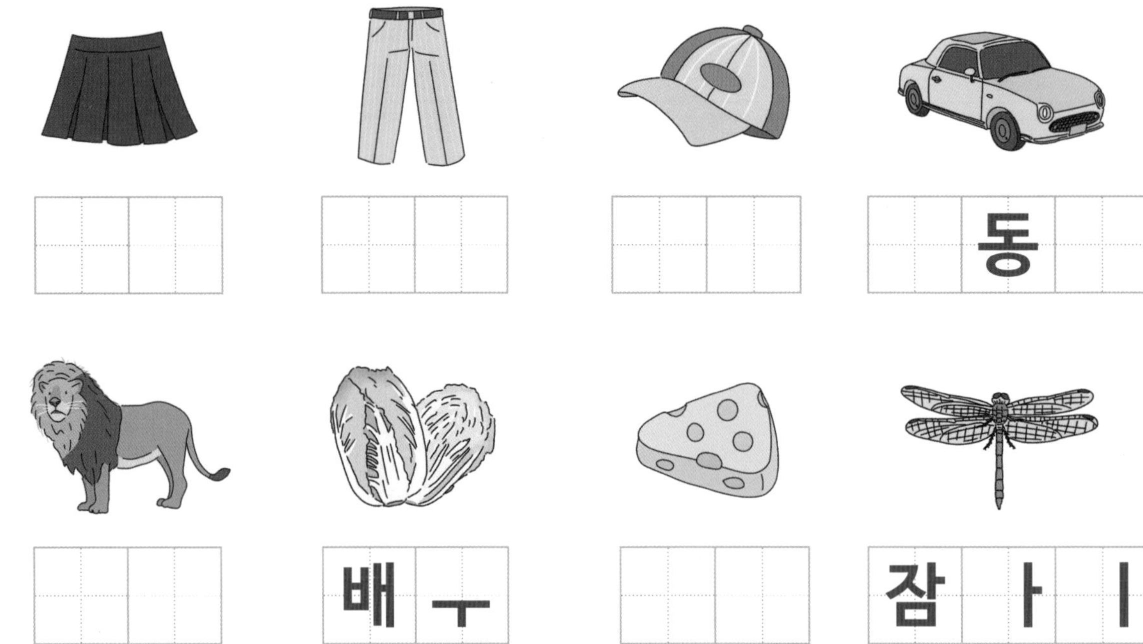

치	마	포	도	잠	자	리	도
피	아	노	수	주	바	치	포
다	자	비	박	마	수	바	지
버	코	동	자	배	추	라	요
스	끼	리	차	시	지	스	소
풍	선	모	자	앙	사	자	기
치	즈	자	피	곰	차	시	마

7 잘 듣고 낱말을 완성하세요.

✚ 듣기 배추, 바지, 사자, 치즈, 치마, 자동차, 자전거, 잠자리

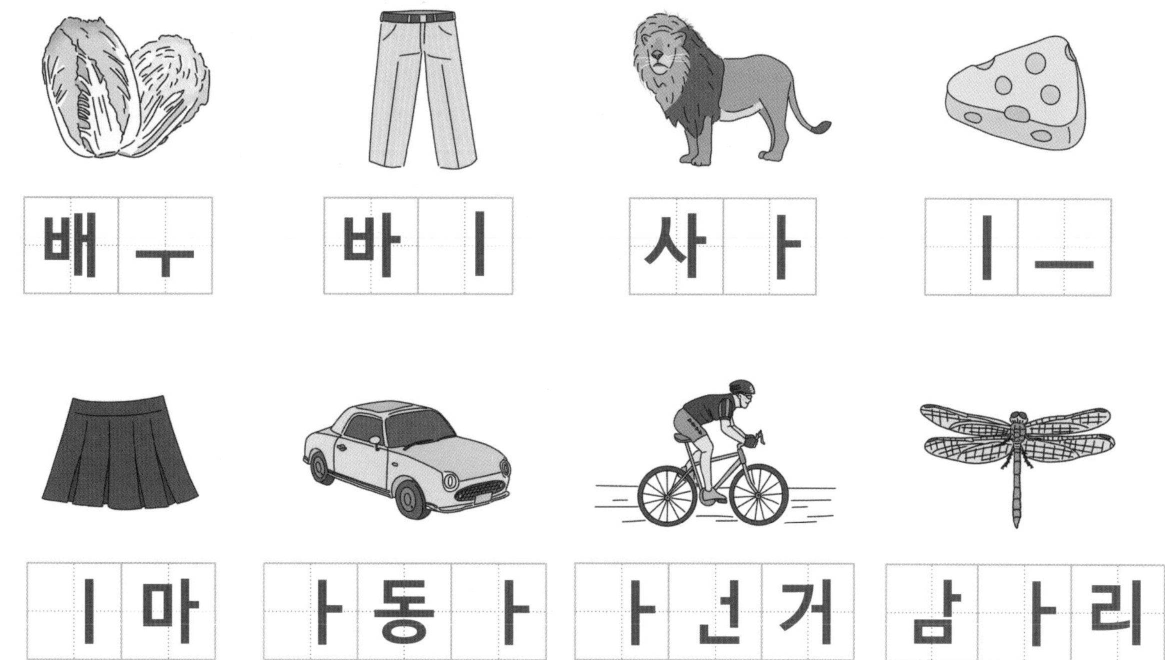

8 듣고 따라 읽어 보세요.

여자아이가 치마를 입었어요.

12.

ㄹ

리을

1 잘 듣고 위 그림의 낱말을 익혀 보세요.

라디오 소라 다리

레몬 라면 잠자리 도로 오리

2 듣고 따라해 보세요.

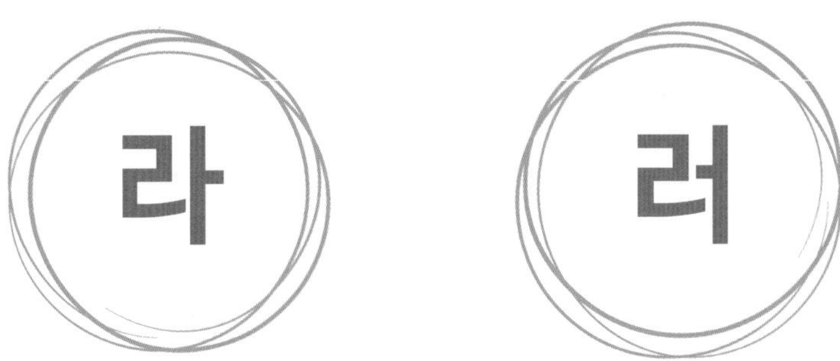

❸ 바르게 쓰고 소리 내어 읽어 보세요.

			ㅏ	ㅓ	ㅗ	ㅜ	ㅡ	ㅣ
ㄹ	❶ ❷ ❸ ㄹ	ㄹ						

❹ ㄹ이 있는 글자를 찾아보세요.

르 가 시 머 처 주 즈
로 러
수 히 바 노 추 르 라
크 버
차 파 다 스 나
트 하 초 조 구

ㄹ 은 모두 (　　　)개예요.

❺ 잘 듣고 알맞은 그림을 찾아 ○ 하세요.

✚ 듣기 다리, 오리, 도로, 라디오

6 다음을 알맞게 연결하세요.

① 다리 •

② 오리 •

③ 도로 •

④ 레몬 •

⑤ 잠자리 •

• 

• 

• 

• 

• 

7 같은 낱말을 찾아 ○ 하세요.

	다리	라디	마리	다리	더라
	레몬	네몬	메먼	메론	레몬
	도로	로도	토로	더로	도로
	오리	오리	어리	오다	어라
	치즈	지츠	즈치	츠지	치즈

8 잘 듣고 낱말을 완성하세요.

✚ 듣기 레몬, 다리, 도로, 오리, 라디오, 라면, 소라, 잠자리

9 듣고 따라 읽어 보세요.

다리 아래에서 오리들이 놀아요.

13.

ㅎ

히읗

1 잘 듣고 위 그림의 낱말을 익혀 보세요.

하마 허수아비 호수 혀

해바라기 해 호랑이 휴지 호두

2 듣고 따라해 보세요.

3 바르게 쓰고 소리 내어 읽어 보세요.

			ㅏ	ㅓ	ㅗ	ㅜ	ㅡ	ㅣ
ㅎ	ㅎ	ㅎ						

4 ㅎ이 있는 글자를 찾아보세요.

호 가 시 머 하 주 노

추 수 바 서 히 해

즈 기 다 나

혀 더 허 나

트

파 호 사 초 조 버 하 스

ㅎ은 모두 (   )개예요.

5 잘 듣고 알맞은 그림을 찾아 ○ 하세요.

✚ 듣기 혀, 하마, 해, 호수

6 그림의 낱말을 아래에서 찾아 ○ 하고 빈칸에 쓰세요.

소	라	포	호	아	리	호	두
하	호	슈	소	하	마	천	로
소	수	비	해	파	바	휴	지
버	바	구	바	어	허	라	면
스	끼	라	라	사	수	디	소
풍	오	모	기	밥	아	오	리
양	호	랑	이	유	비	소	해

7 잘 듣고 낱말을 완성하세요.

8 듣고 따라 읽어 보세요.

해바라기는 해를 좋아해요.

14.

ㄲ, ㄸ, ㅃ,
쌍기역 쌍디귿 쌍비읍

ㅆ, ㅉ
쌍시옷 쌍지읒

1 잘 듣고 위 그림의 낱말을 익혀 보세요.

꿈 까치 딸기 쓰다 뽀뽀 팔찌 아빠 머리띠 씨앗

2 듣고 따라해 보세요.

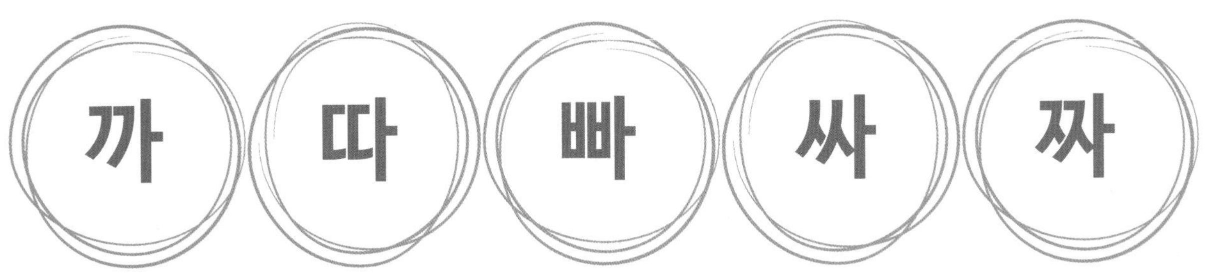

③ 바르게 쓰고 소리 내어 읽어 보세요.

		ㅏ	ㅓ	ㅗ
ㄲ	ㄲ			
ㄸ	ㄸ			
ㅃ	ㅃ			

		ㅜ	ㅡ	ㅣ
ㅆ	ㅆ			
ㅉ	ㅉ			

④ ㄲ, ㄸ, ㅃ, ㅆ, ㅉ이 있는 글자를 찾아보세요.

주 까 서 빠 싸 빠 따 루 싸 호 까 티 지 바 빠 치 효 후 짜 녀 리 치 짜 바 두 하 모 켜 짜

까 는 (   )개, 따 는 (   )개,

빠 는 (   )개, 싸 는 (   )개,

짜 는 (   )개예요.

⑤ 잘 듣고 알맞은 그림을 찾아 ○ 하세요.

✚ 듣기 까치, 머리띠, 아빠, 씨앗, 짜다

6 다음을 알맞게 연결하세요.

① 씨앗 •　　　　• 

② 팔찌 •　　　　• 

③ 까치 •　　　　• 

④ 딸기 •　　　　• 

⑤ 아빠 •　　　　• 

7 같은 낱말을 찾아 ○ 하세요.

까치	가찌	차끼	까치	까지
딸기	달기	딸기	말기	날기
아빠	아빠	아바	아파	어빠
씨앗	시앗	찌앗	지앗	씨앗
짜다	쩌더	자다	자따	짜다

8 잘 듣고 낱말을 완성하세요.

✚ 듣기 까치, 아빠, 딸기, 씨앗, 팔찌, 꿈, 머리띠, 쓰다

9 듣고 따라 읽어 보세요.

아빠와 딸이 씨앗을 심어요.

다시 공부하기

그림 카드를 보며 다시 한번 공부하세요.

오리

쿠키

두더지

거미

키

구두

나무

기린

나비

커피

포도

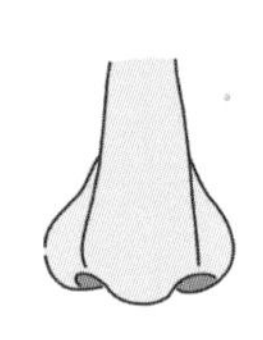
코

타조

코끼리

너구리

다시 공부하기

그림 카드를 보며 다시 한번 공부하세요.

구름

주스

소

토마토

파리

토끼

피아노

모자

피자

무

배추

바다

사자

버스

사과

다시 공부하기

그림 카드를 보며 다시 한번 공부하세요.

 레몬	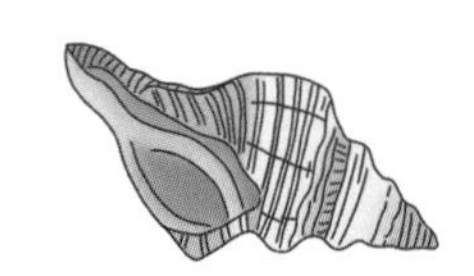 소라	 자동차
시소	 치마	 자전거
 라면	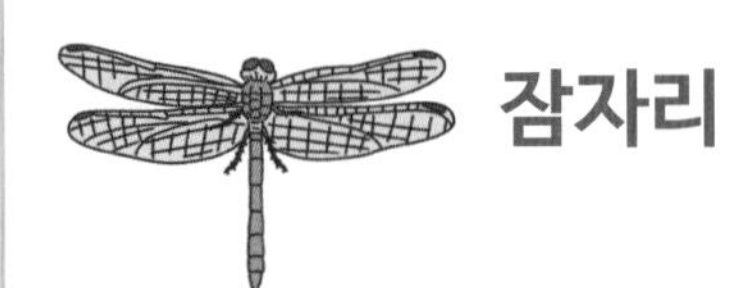 잠자리	 도로
 바지	 다리	 라디오
 기차	 치즈	 하마

다시 공부하기

그림 카드를 보며 다시 한번 공부하세요.

팔찌

허수아비

까치

호두

꿈

호랑이

딸기

호수

머리띠

휴지

아빠

해

씨앗

해바라기

짜다

다시 공부하기

그림에 맞는 글자를 찾아 ○ 하세요.

고 구 쿠 두 투

고 코 키 끼 리

나 다 타 비 피

커 거 껴 미 비

타 나 다 조 주

도 타 토 기 끼

모 보 포 도 토

미 비 피 자 차

사 시 자 주

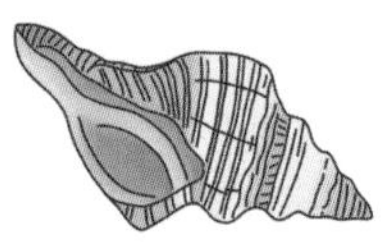

소 조 라 리

기 키 자 차

나 다 타 리 라

호 오 도 두

아 어 빠 짜

끼 띠 씨 앗

다시 공부하기

다음 그림의 낱말을 찾아 ○ 하세요.

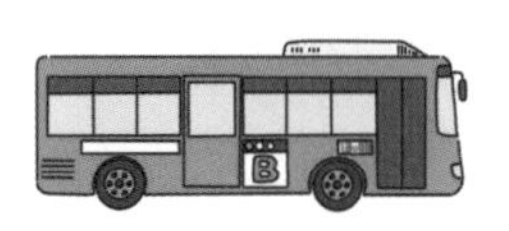

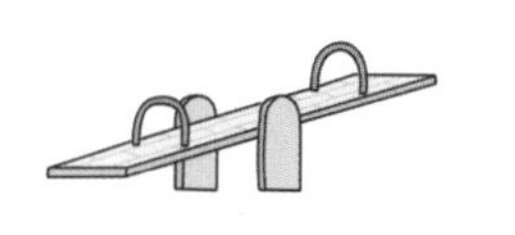

라	유	가	거	유	우	코	끼	리	바
로	디	우	미	파	부	우	사	바	수
지	가	오	너	바	다	조	소	버	스
비	머	니	소	버	더	주	스	야	수
피	아	노	라	모	자	어	팍	으	버
지	수	누	포	보	개	나	모	소	사
시	소	누	푸	도	주	너	무	버	과

다시 공부하기

다음 그림의 낱말을 찾아 ○ 하세요.

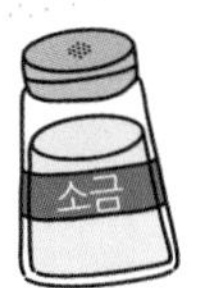

호	후	짜	다	우	요	짜	자	우	요
아	랑	트	지	오	리	그	전	가	개
달	리	이	내	여	소	개	거	우	치
딸	짤	자	해	바	라	기	오	하	마
기	라	두	죽	구	빠	바	지	가	리
마	면	남	자	동	차	파	치	싸	따
가	요	라	시	개	곰	라	리	까	치

다시 공부하기

낱말을 받아쓰세요.

1.
2.
3.
4.
5.
6.
7.
8.
9.
10.

1.
2.
3.
4.
5.
6.
7.
8.
9.
10.

다시 공부하기

그림을 그려 보세요.

피아노	잠자리	레몬

코	나비	포도

소라	치마	자동차

다시 공부하기

그림에 알맞은 낱말을 보기에서 찾아 쓰세요.

〈보기〉 바다, 하마, 자전거, 토마토, 무, 구두, 코끼리, 치마, 호두, 나무, 바지, 피아노, 소라, 너구리, 다리, 치즈

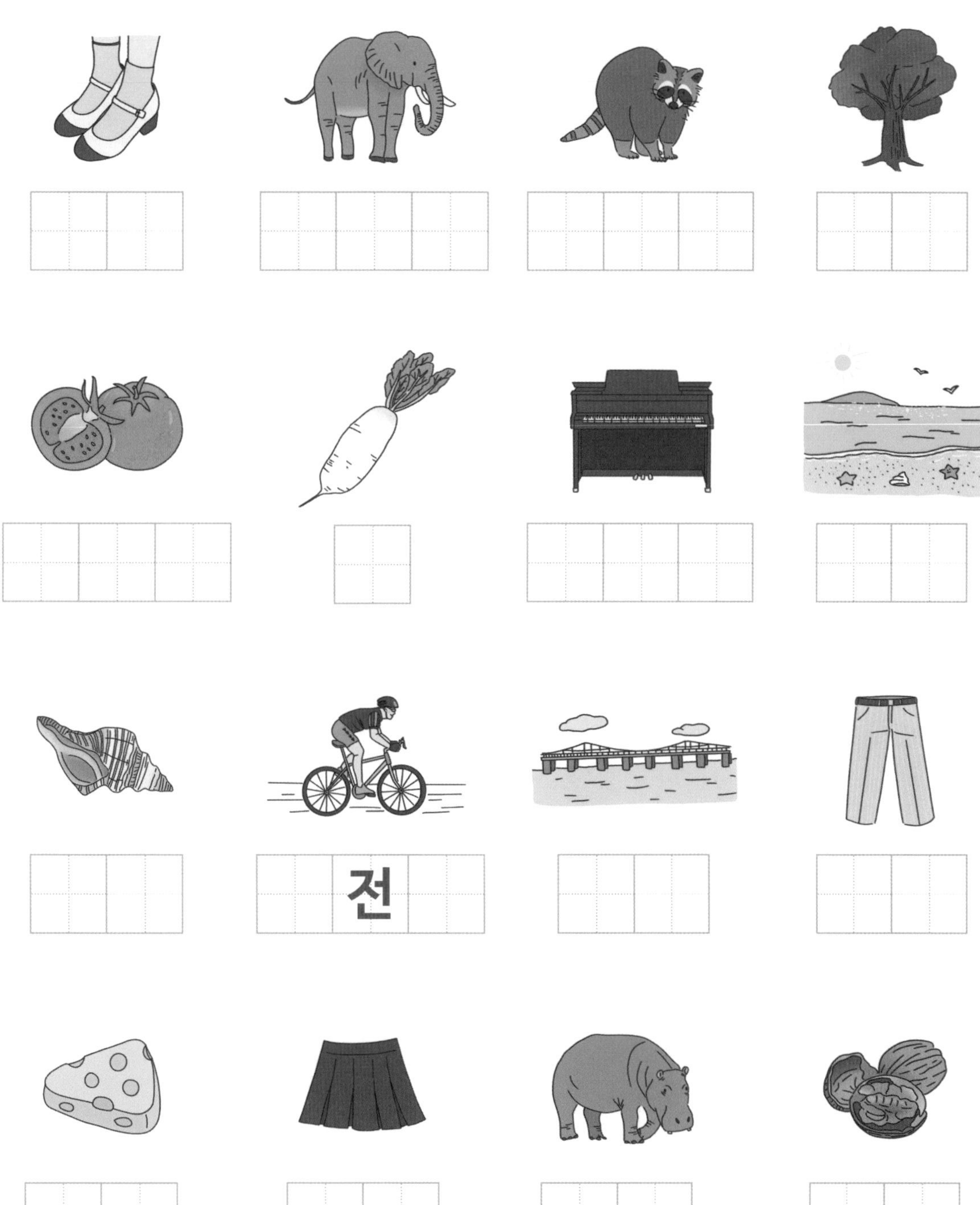

다시 공부하기

그림에 알맞은 낱말을 보기에서 찾아쓰세요.

〈보기〉 키, 나비, 토끼, 호수, 씨앗, 해, 치마, 주스,
거미, 포도, 라면, 코, 피자, 아빠, 모자, 잠자리

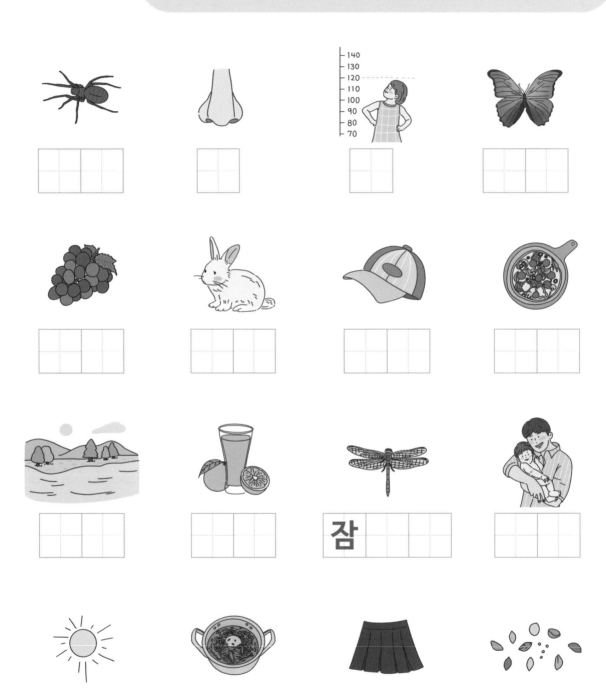

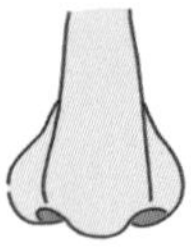

잠

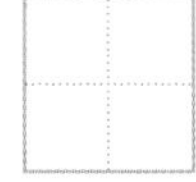

다시 공부하기

그림을 그려 보세요.

코끼리	모자	다리미

두더지	토끼	무

딸기	호랑이	까치

다시 공부하기

낱말을 받아쓰세요.

1 ____________________

2 ____________________

3 ____________________

4 ____________________

5 ____________________

6 ____________________

7 ____________________

8 ____________________

9 ____________________

10 ____________________

1 ____________________

2 ____________________

3 ____________________

4 ____________________

5 ____________________

6 ____________________

7 ____________________

8 ____________________

9 ____________________

10 ____________________

다시 공부하기

낱말 빙고 놀이를 해 봅시다.

〈놀이 방법〉 1. 주어진 낱말을 아래 빙고 칸에 자유롭게 써 넣으세요.
2. 친구들과 재미있게 빙고 놀이를 해요.

개	씨앗	나비
해	기차	휴지
까치	토끼	시소

다리미	소라	라면
바다	피아노	코끼리
자동차	타조	아빠

호랑이	자전거	포도
나무	주스	코
딸기	바지	사자

다리미	라디오	라면
토마토	너구리	치마
오리	다리	배추

다시 공부하기

그림 줄빙고 놀이를 해 봅시다.

〈놀이 방법〉

1. 가위로 한 줄씩 오린 다음 하나를 골라요.
2. 돌아가면서 낱말을 말해요.
3. 친구가 말한 낱말 그림이 양쪽 끝에 있으면 그 그림만 잘라서 내려놓아요.
4. 먼저 다 내려놓는 친구가 이겨요.

다시 공부하기

그림 줄빙고 놀이를 해 봅시다.

〈놀이 방법〉
1. 가위로 한 줄씩 오린 다음 하나를 골라요.
2. 돌아가면서 낱말을 말해요.
3. 친구가 말한 낱말 그림이 양쪽 끝에 있으면 그 그림만 잘라서 내려놓아요.
4. 먼저 다 내려놓는 친구가 이겨요.

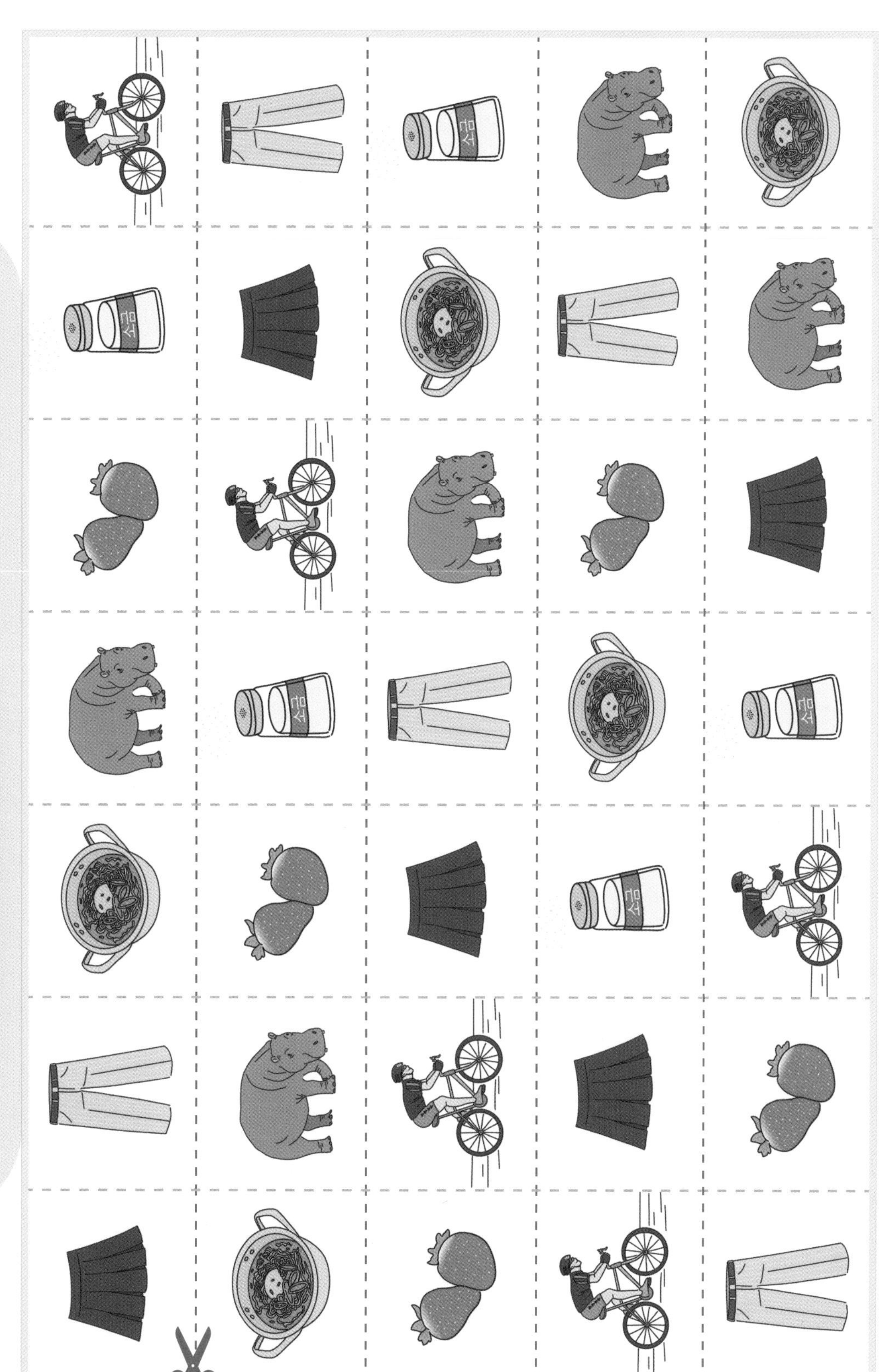

받침

15.

받침

ㅁ

미음

1 잘 듣고 위 그림의 낱말을 익혀 보세요.

봄 꿈 감자 남자 감 김치 구름 곰 엄마

2 듣고 따라해 보세요.

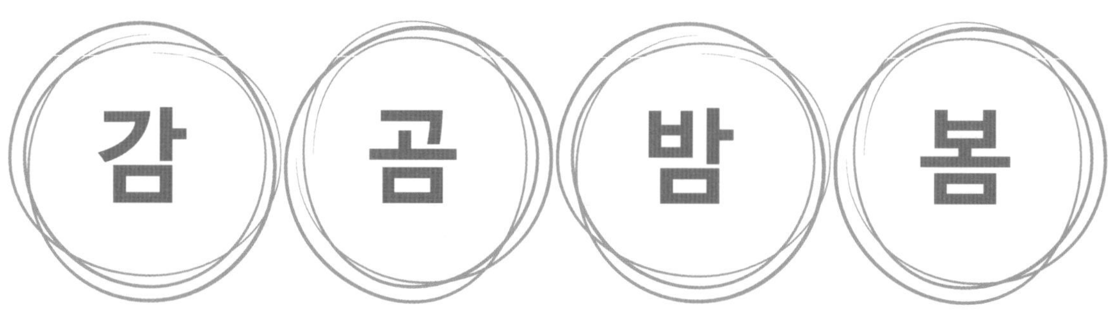

③ 받침을 넣어 쓰고 소리 내어 읽어 보세요.

	가	고	기	바	보	사	서
ㅁ	감						

④ ㅁ 받침이 있는 글자를 찾아보세요.

감 은 모두 (　　　)개예요.

곰 은 모두 (　　　)개예요.

밤 은 모두 (　　　)개예요.

⑤ 잘 듣고 알맞은 그림을 찾아 ○ 하세요.

✚ 듣기 봄, 몸, 감, 엄마

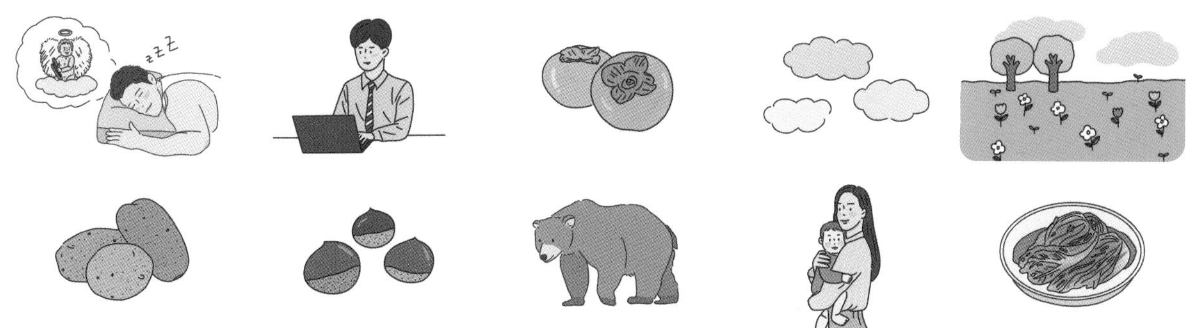

❻ 그림의 낱말을 아래에서 찾아 ○ 하고 빈칸에 쓰세요.

꿈	굽	포	호	잠	다	호	감
피	뽀	뽀	수	하	마	간	갑
구	름	김	오	리	곰	공	지
음	른	치	엄	마	까	치	면
스	끼	납	지	사	씨	간	감
풍	선	남	자	밥	비	이	자
꼼	호	랑	이	아	빠	소	띠

7 잘 듣고 낱말을 완성하세요.

✚ 듣기 엄마, 곰, 감, 김치, 남자, 꿈, 감자, 구름

8 듣고 따라 읽어 보세요.

꿈에 구름을 타고 놀았어요.

16.

받침

ㅇ

이응

1 잘 듣고 위 그림의 낱말을 익혀 보세요.

공 고양이 병 창 병아리 강 강아지 종 콩

2 듣고 따라해 보세요.

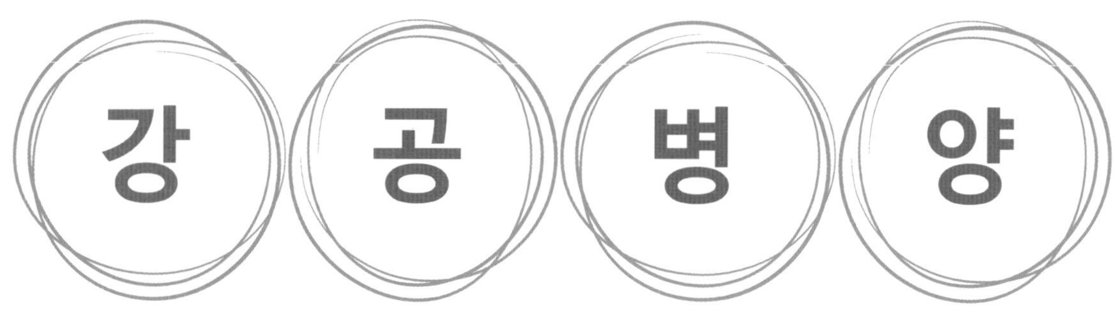

❸ 받침을 넣어 쓰고 소리 내어 읽어 보세요.

	가	고	바	벼	야	차	코
ㅇ	강						

❹ ㅇ 받침이 있는 글자를 찾아보세요.

강 은 모두 (   )개예요.

병 은 모두 (   )개예요.

창 은 모두 (   )개예요.

콩 은 모두 (   )개예요.

❺ 잘 듣고 알맞은 그림을 찾아 ○ 하세요.

✚ 듣기 공, 창, 병, 강

6 다음을 알맞게 연결하세요.

① 고양이 • • 

② 감자 • • 

③ 강아지 • • 

④ 병 • • 

⑤ 콩 • • 

7 같은 낱말을 찾아 ○ 하세요.

	강아지	간아지	강아지	캉아치	겅어지
	창	찬	참	장	창
	고양이	고얀이	고얌이	고양이	구양이
	병	변	병	편	벙
	구름	고릉	루금	구른	구름

8 잘 듣고 낱말을 완성하세요.

✚ 듣기 종, 콩, 병, 고양이, 공, 병아리, 창, 강아지

9 듣고 따라 읽어 보세요.

고양이가 공을 가지고 놀아요.

17.

반침
ㄴ, ㄹ
니은 리을

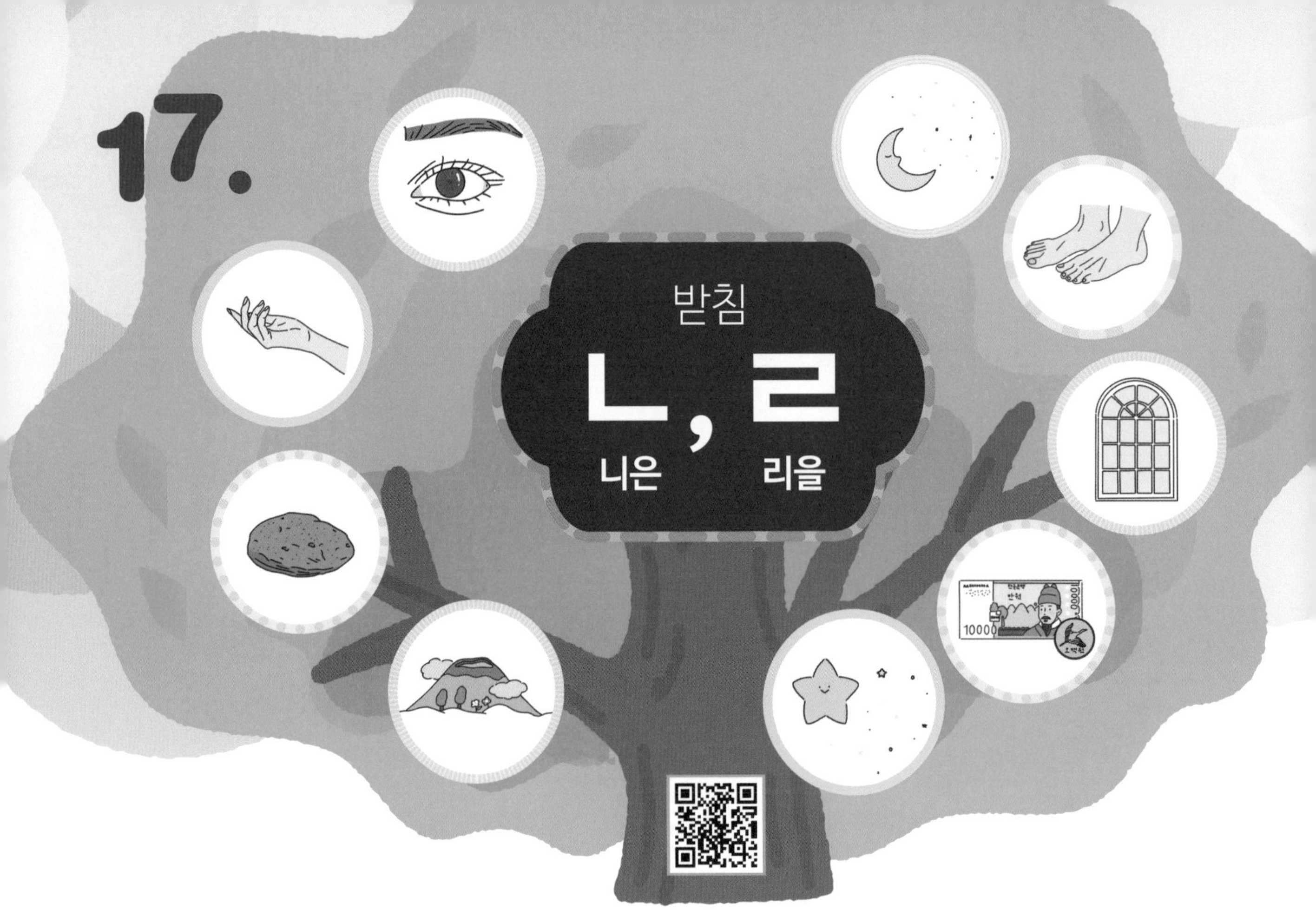

❶ 잘 듣고 위 그림의 낱말을 익혀 보세요.

손 돌 산
눈 별
발 돈
달 창문

❷ 듣고 따라해 보세요.

❸ 받침을 넣어 쓰고 소리 내어 읽어 보세요.

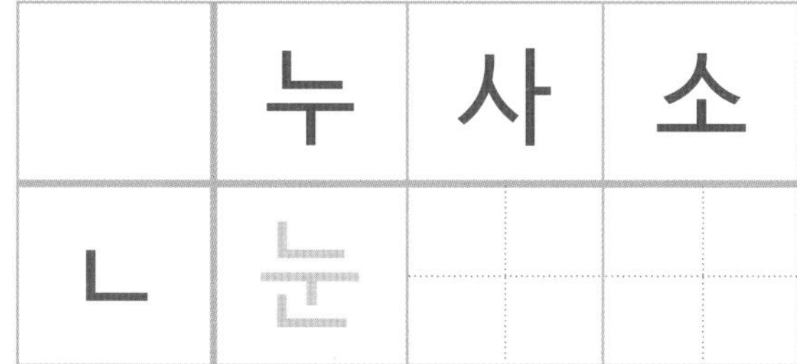

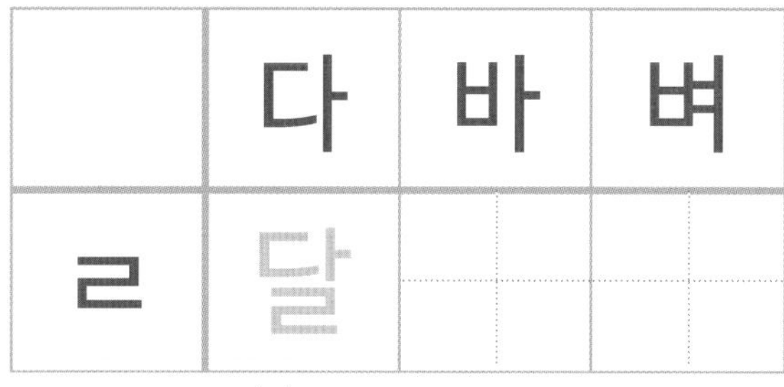

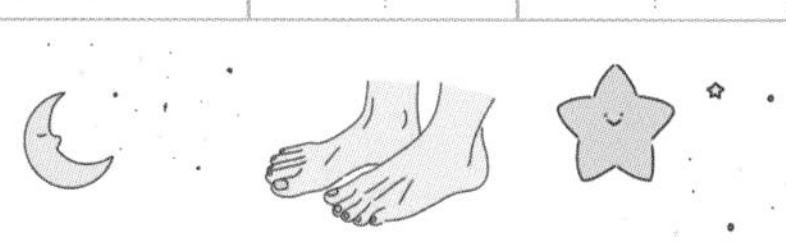

❹ ㄴ, ㄹ 받침이 있는 글자를 찾아보세요.

❺ 잘 듣고 알맞은 그림을 찾아 ○ 하세요.

✚ 듣기 별, 손, 달, 산

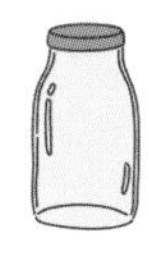
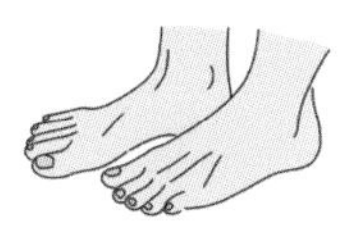

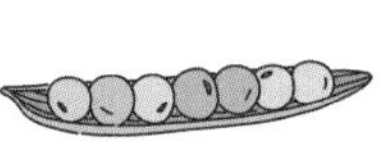

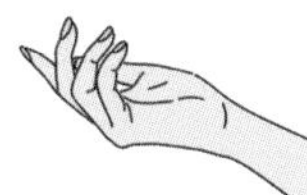

⑥ 그림의 낱말을 아래에서 찾아 ○ 하고 빈칸에 쓰세요.

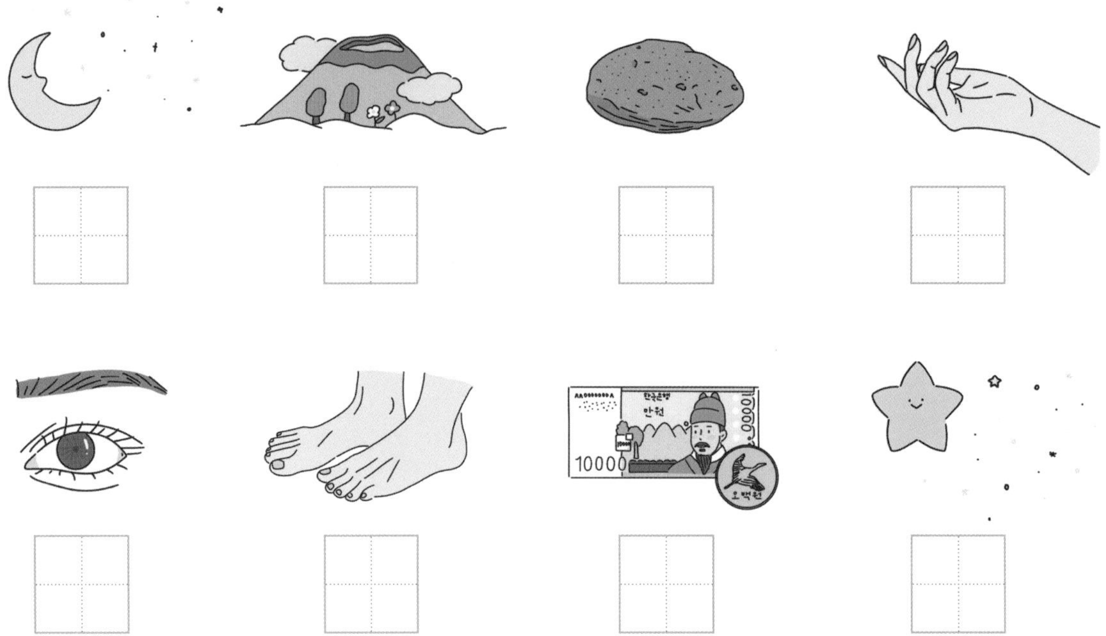

콩	달	단	호	잠	돌	동	감
피	당	산	병	하	돈	돔	로
구	름	김	오	아	곰	펼	지
버	발	팔	엄	마	리	범	별
눈	반	양	자	손	송	앗	범
풍	공	우	선	밥	비	리	자
강	호	랑	상	아	빠	기	중

돌, 돈, 달, 별, 눈, 손, 발, 산

7 잘 듣고 낱말을 완성하세요.

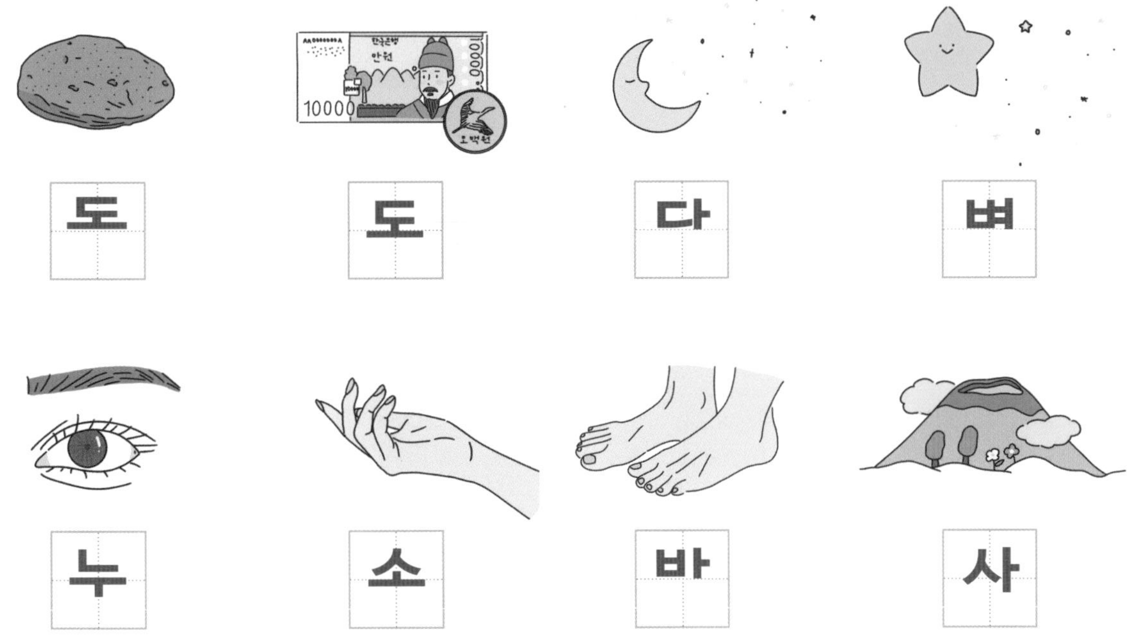

도	도	다	벼
누	소	바	사

8 듣고 따라 읽어 보세요.

손이랑 발을 깨끗하게 씻어요.

18.

받침

ㅂ, ㅍ

비읍 피읖

1 잘 듣고 위 그림의 낱말을 익혀 보세요.

밥 숲 컵

집 탑

잎 십 입

2 듣고 따라해 보세요.

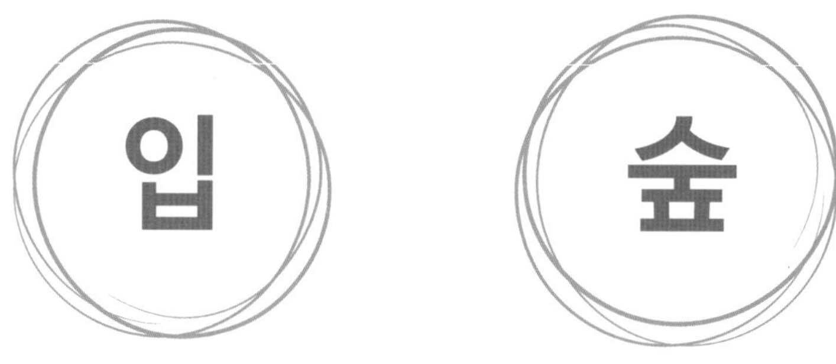

❸ 받침을 넣어 쓰고 소리 내어 읽어 보세요.

❹ ㅂ, ㅍ 받침이 있는 글자를 찾아보세요.

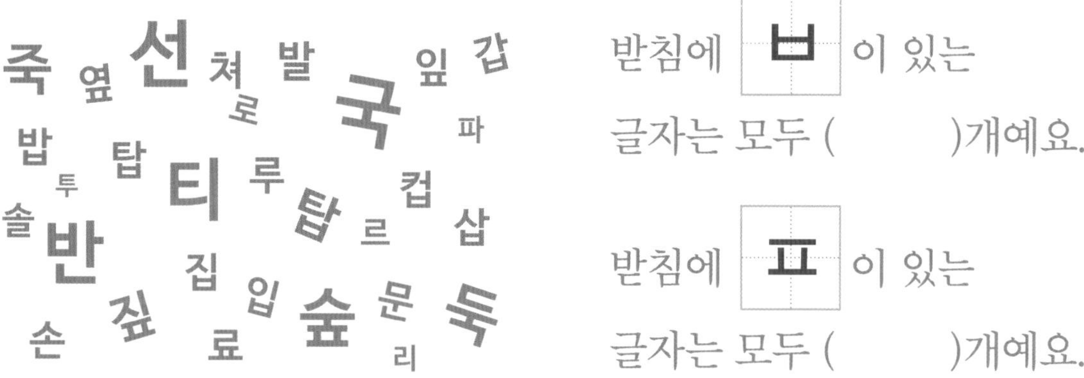

받침에 ㅂ 이 있는 글자는 모두 (　　　)개예요.

받침에 ㅍ 이 있는 글자는 모두 (　　　)개예요.

❺ 잘 듣고 알맞은 그림을 찾아 ○ 하세요.

✚듣기 입, 집, 숲, 컵

6 잘 듣고 낱말을 완성하세요.

듣기 집, 컵, 잎, 숲, 십, 밥, 탑, 입

7 다음을 알맞게 연결하세요.

① 잎 •

② 숲 •

③ 컵 •

④ 집 •

⑤ 입 •

• 

•

•

•

•

8 받침에 ㅂ, ㅍ이 있는 낱말을 찾아 색칠하세요.

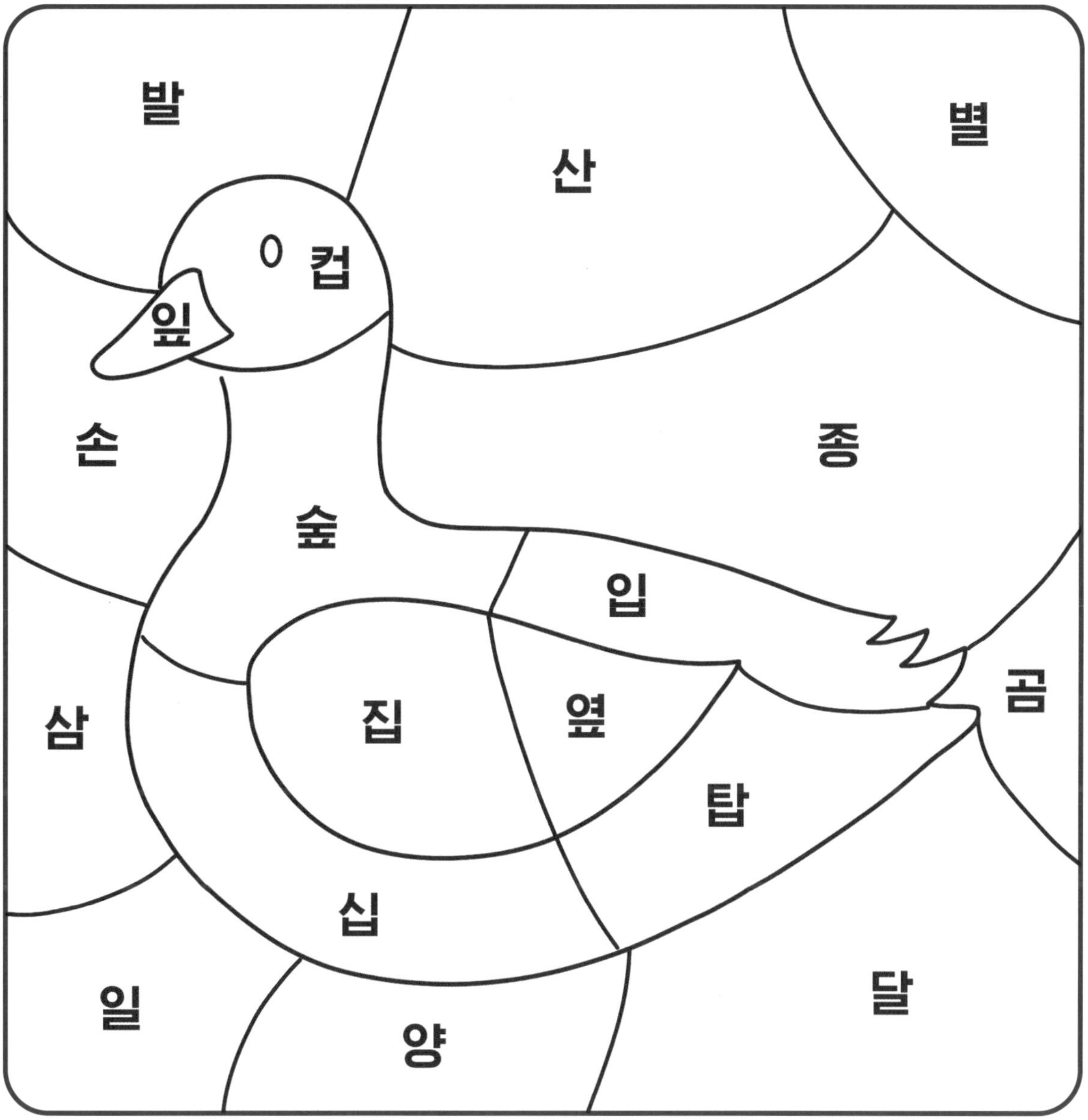

발 산 별

컵 잎

손 종

숲 입

삼 집 엺 곰

탑

십

일 양 달

9 듣고 따라 읽어 보세요.

우리 집은 숲에 있어요.

19.

받침 ㄱ, ㄲ, ㅋ

기역 쌍기역 키읔

1 잘 듣고 위 그림의 낱말을 익혀 보세요.

악어 수박 약 깎다 부엌 떡볶이 학교 닦다

2 듣고 따라해 보세요.

❸ 받침을 넣어 쓰고 소리 내어 읽어 보세요.

	아	모		까	보		어	녀
ㄱ			ㄲ			ㅋ		

❹ ㄱ, ㄲ, ㅋ 받침이 있는 글자를 찾아보세요.

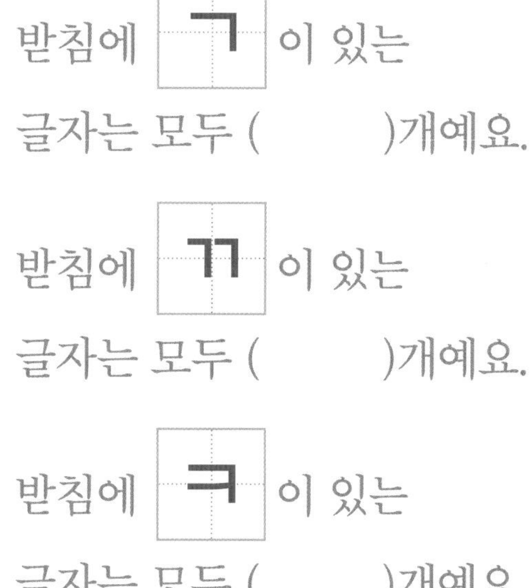
받침에 ㄱ 이 있는 글자는 모두 (   )개예요.

받침에 ㄲ 이 있는 글자는 모두 (   )개예요.

받침에 ㅋ 이 있는 글자는 모두 (   )개예요.

❺ 잘 듣고 알맞은 그림을 찾아 ○ 하세요.

✚ 듣기 까다, 악어, 수박, 부엌

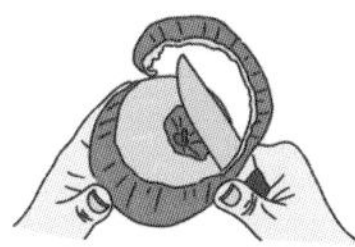

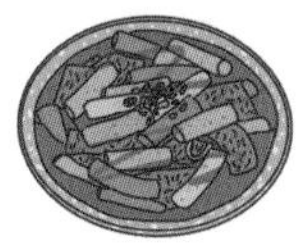

6 그림의 낱말을 아래에서 찾아 ○ 하고 빈칸에 쓰세요.

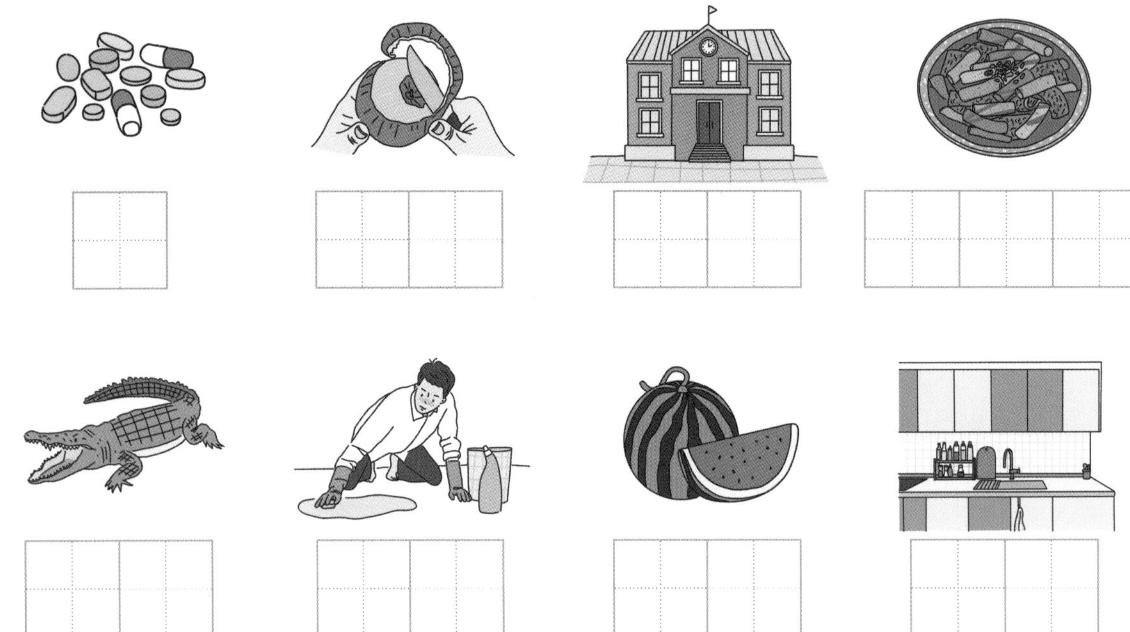

콩	달	약	악	잠	돌	호	감
수	뽀	산	병	하	탑	강	닭
구	박	부	억	입	곰	휴	다
떡	발	엌	깍	마	집	악	자
볶	복	양	깎	다	엄	어	감
이	잎	우	산	밥	학	탑	역
강	호	랑	이	아	교	꾜	엿

7 받침에 ㄱ, ㄲ, ㅋ이 있는 낱말을 찾아 색칠하세요.

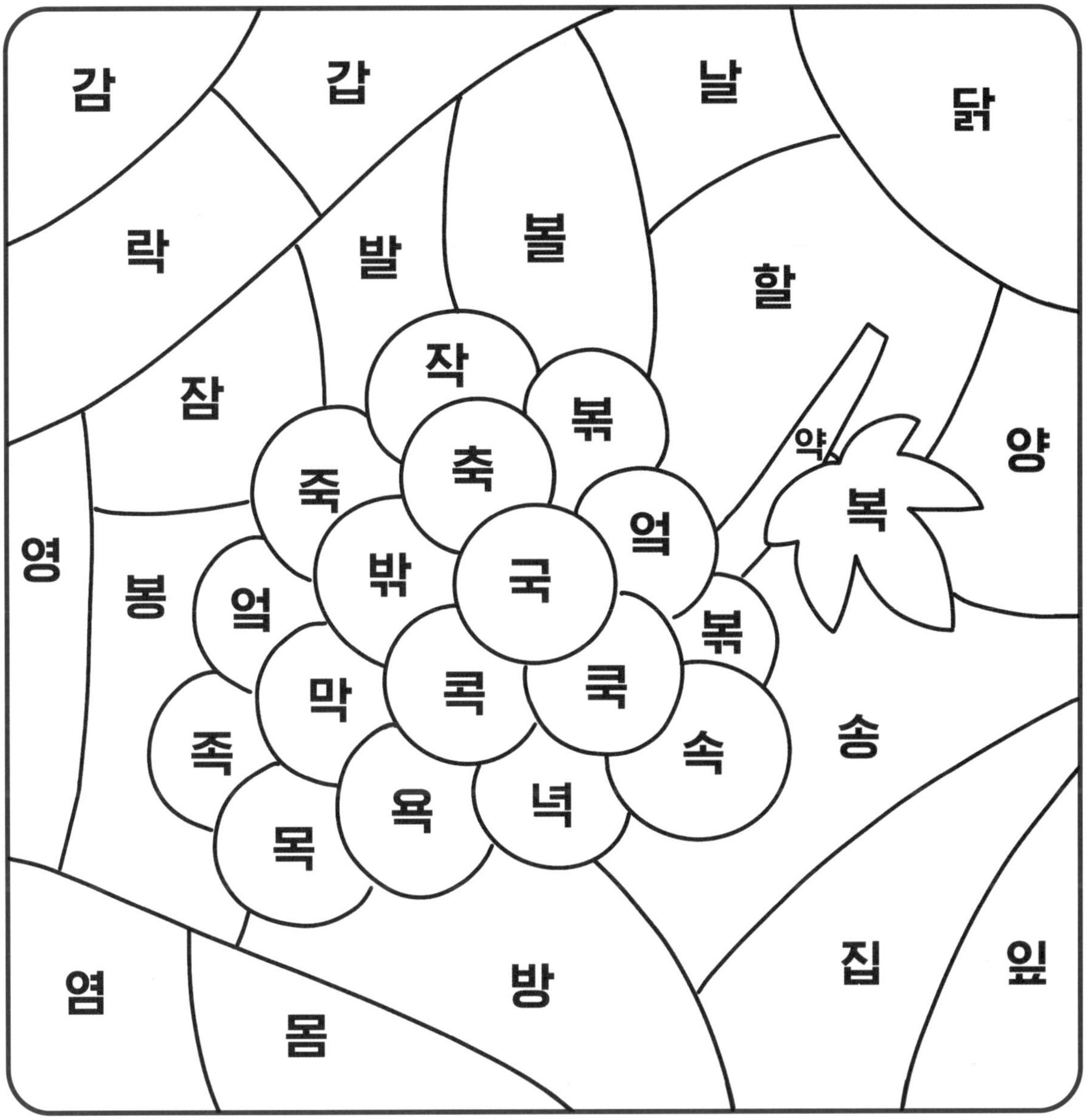

감 갑 날 닭

락 발 볼 할

작 잠 볶 약 양

죽 축 복

억 영 봉 억 밖 국 볶

막 콕 쿡 족 속 송

녁 욕 목

집 잎 염 방 몸

8 듣고 따라 읽어 보세요.

부엌에서 떡볶이를 만들어요.

20.

받침
ㄷ, ㅅ, ㅆ, ㅈ,
디귿 시옷 쌍시옷 지읒
ㅊ, ㅌ, ㅎ
치읓 티읕 히읗

1 잘 듣고 위 그림의 낱말을 익혀 보세요.

꽃 숟가락 낮 빗
해돋이 있다 좋다
팥 붓

2 듣고 따라해 보세요.

3 **받침을 넣어 쓰고 소리 내어 읽어 보세요.**

	도	오	이	나	꼬	파	노
받침	ㄷ	ㅅ	ㅆ	ㅈ	ㅊ	ㅌ	ㅎ

4 **ㄷ, ㅅ, ㅆ 받침이 있는 글자를 찾아보세요.**

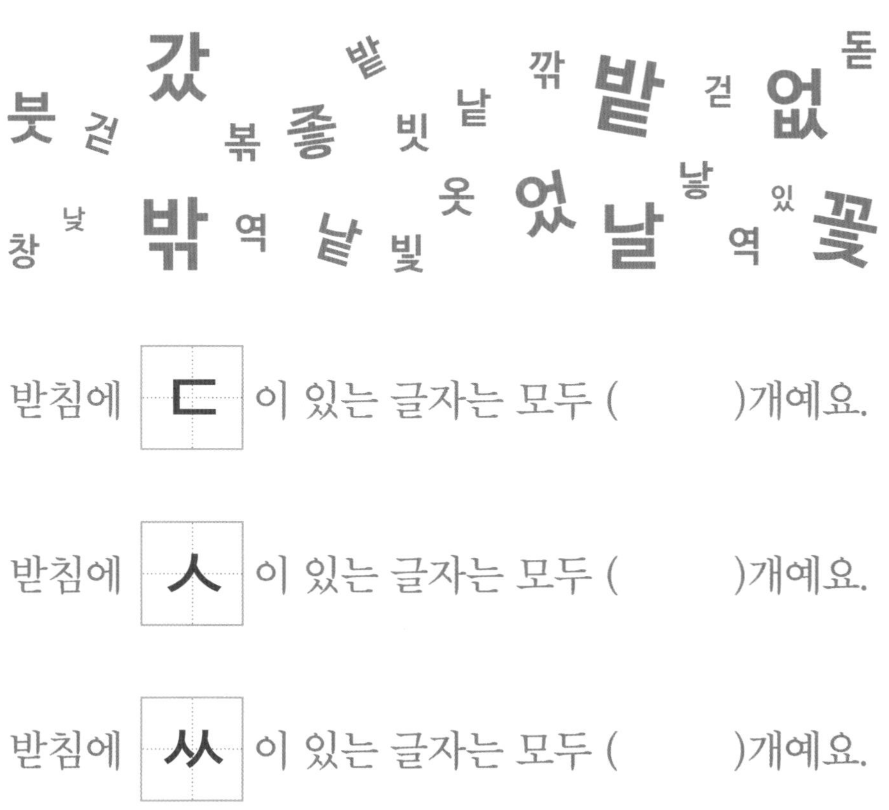

받침에 ㄷ 이 있는 글자는 모두 (   )개예요.

받침에 ㅅ 이 있는 글자는 모두 (   )개예요.

받침에 ㅆ 이 있는 글자는 모두 (   )개예요.

❺ ㅈ, ㅊ, ㅌ, ㅎ 받침이 있는 글자를 찾아보세요.

붓 갔 놓 팥 맞 낯 깎 없 없 걷 볶 낳 갖 있 억 낫 윷 돋 옷 역 창 낱 밖 볶 밭 빛 약 꽃 있

받침에 ㅈ 이 있는 글자는 모두 (   )개예요.

받침에 ㅊ 이 있는 글자는 모두 (   )개예요.

받침에 ㅌ 이 있는 글자는 모두 (   )개예요.

받침에 ㅎ 이 있는 글자는 모두 (   )개예요.

❻ 잘 듣고 알맞은 그림을 찾아 ○ 하세요.

✚ 듣기 꽃, 숟가락, 빗, 밭

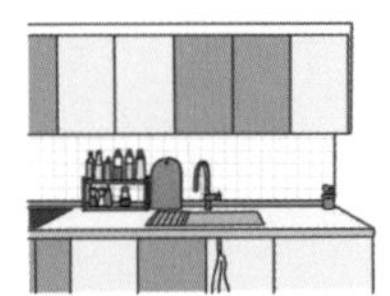

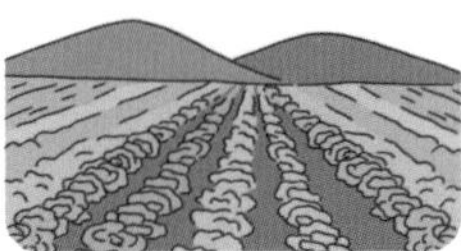

7 받침에 ㄷ, ㅅ, ㅆ, ㅈ, ㅊ, ㅌ, ㅎ이 있는 낱말을 찾아 색칠하세요.

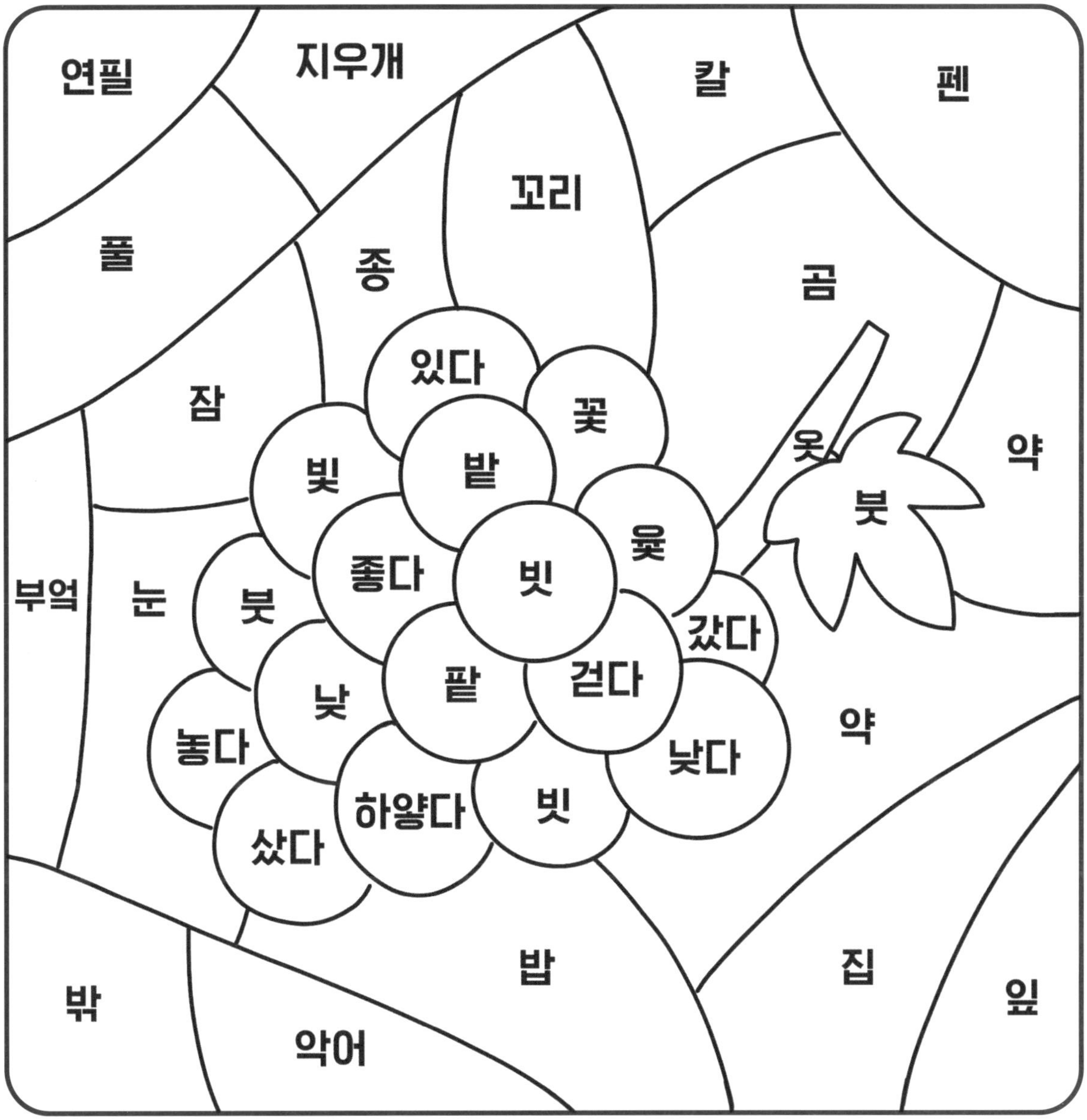

연필 지우개 칼 펜

꼬리 풀 종 곰

있다 잠 꽃 빛 밭 옷 약 붓

부엌 눈 붓 좋다 빗 윷 갔다

낮 팥 걷다 약 놓다 낮다 하얗다 빗 샀다

밥 집 밖 잎 악어

8 듣고 따라 읽어 보세요.

낮에 꽃밭에 갔어요.
꽃향기가 좋았어요.

9 잘 듣고 낱말을 완성하세요.

10 다음을 알맞게 연결하세요.

① 낮 •

② 꽃 •

③ 옷 •

④ 밭 •

⑤ 해돋이 •

• 

• 

•

•

•

✚ 듣기 해돋이, 꽃, 옷, 밭, 낮, 빗, 있다, 좋다

11 그림의 낱말을 아래에서 찾아 ○ 하고 빈칸에 쓰세요.

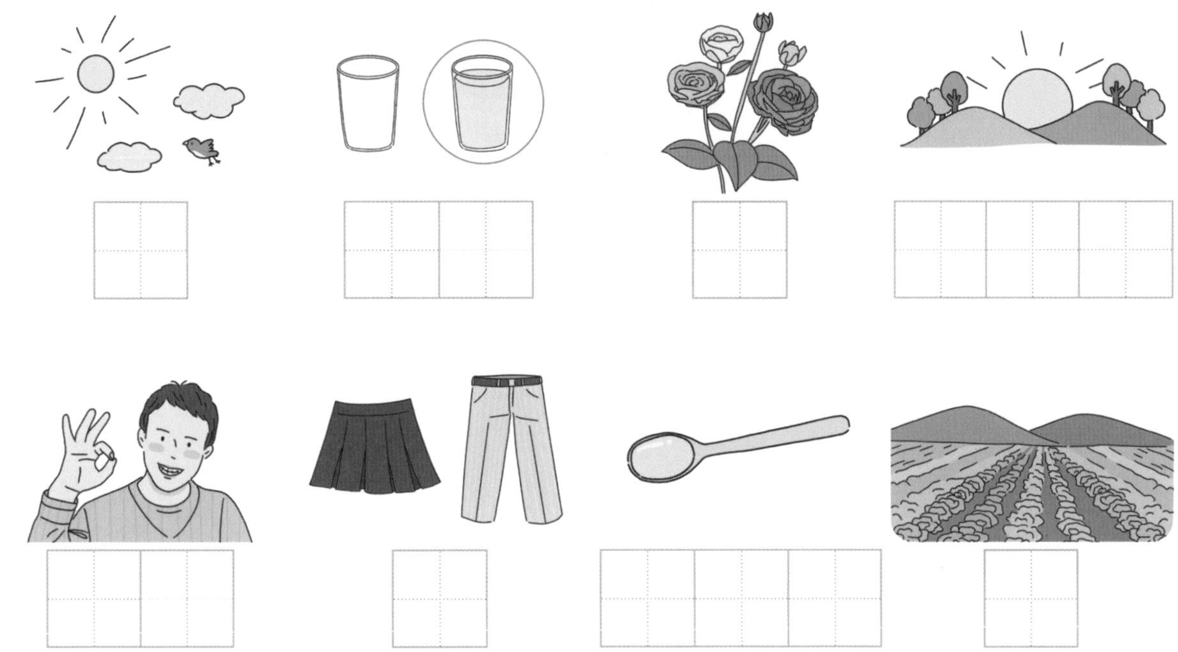

콩	달	약	컵	잠	돌	호	감
죽	낮	낫	병	숫	숟	강	밖
구	름	낟	오	윳	가	휴	옷
버	발	숲	엄	마	락	잇	옻
볶	밭	양	꽃	깍	종	있	다
풍	잎	우	좁	종	해	돋	이
강	호	랑	좋	다	도	소	종

21. 겹받침

1 잘 듣고 위 그림의 낱말을 익혀 보세요.

넓다 밝다 싫다 없다 닭 앉다 많다 읽다

2 듣고 따라해 보세요.

❸ 받침을 넣어 쓰고 소리 내어 읽어 보세요.

	이	너	마	시	아	어
받침	ㄺ	ㄼ	ㄶ	ㅀ	ㄵ	ㅄ
	읽					

❹ ㄺ, ㄼ, ㄶ 받침이 있는 글자를 찾아보세요.

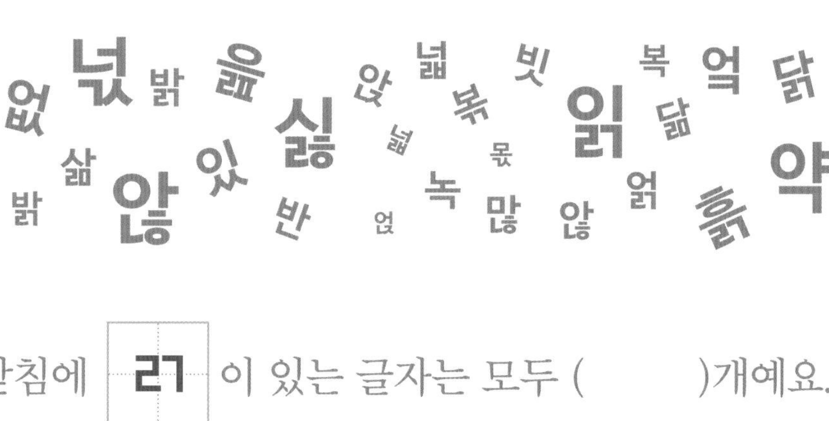

받침에 ㄺ 이 있는 글자는 모두 (　　　)개예요.

받침에 ㄼ 이 있는 글자는 모두 (　　　)개예요.

받침에 ㄶ 이 있는 글자는 모두 (　　　)개예요.

5 ㄶ, ㄵ, ㅄ 받침이 있는 글자를 찾아보세요.

받침에 ㄶ 이 있는 글자는 모두 (　　　)개예요.

받침에 ㄵ 이 있는 글자는 모두 (　　　)개예요.

받침에 ㅄ 이 있는 글자는 모두 (　　　)개예요.

6 잘 듣고 알맞은 그림을 찾아 ○ 하세요.

✚ 듣기 밝다, 넓다, 닭, 없다

7 겹받침이 있는 낱말을 찾아 색칠하세요.

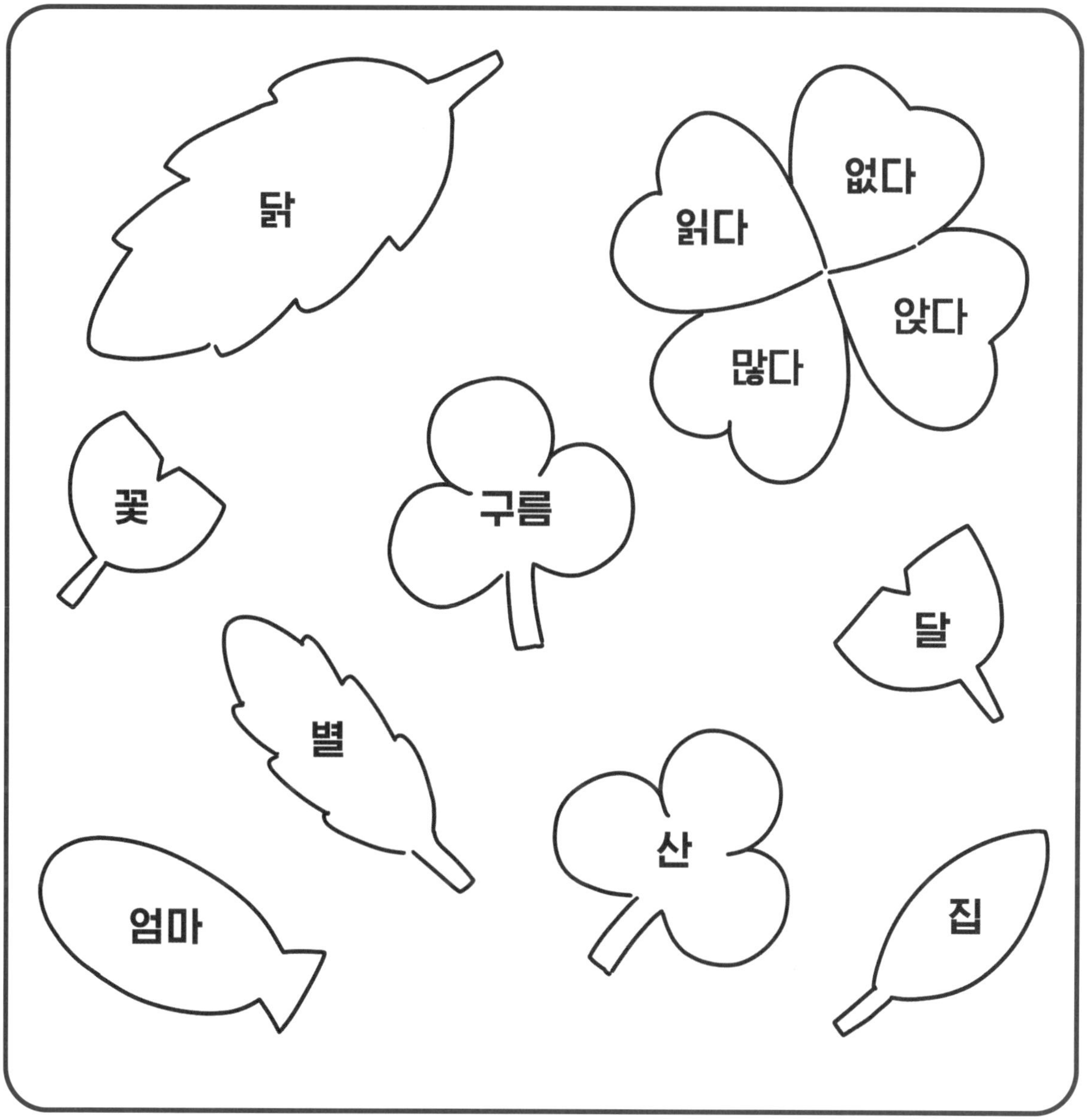

닭

없다

읽다

앉다

많다

꽃

구름

달

별

산

엄마

집

8 듣고 따라 읽어 보세요.

우리 학교 도서실은 넓고 책이 많아요.

✚ 듣기 닭, 많다, 읽다, 넓다, 밝다, 앉다, 없다, 싫다

9 잘 듣고 낱말을 완성하세요.

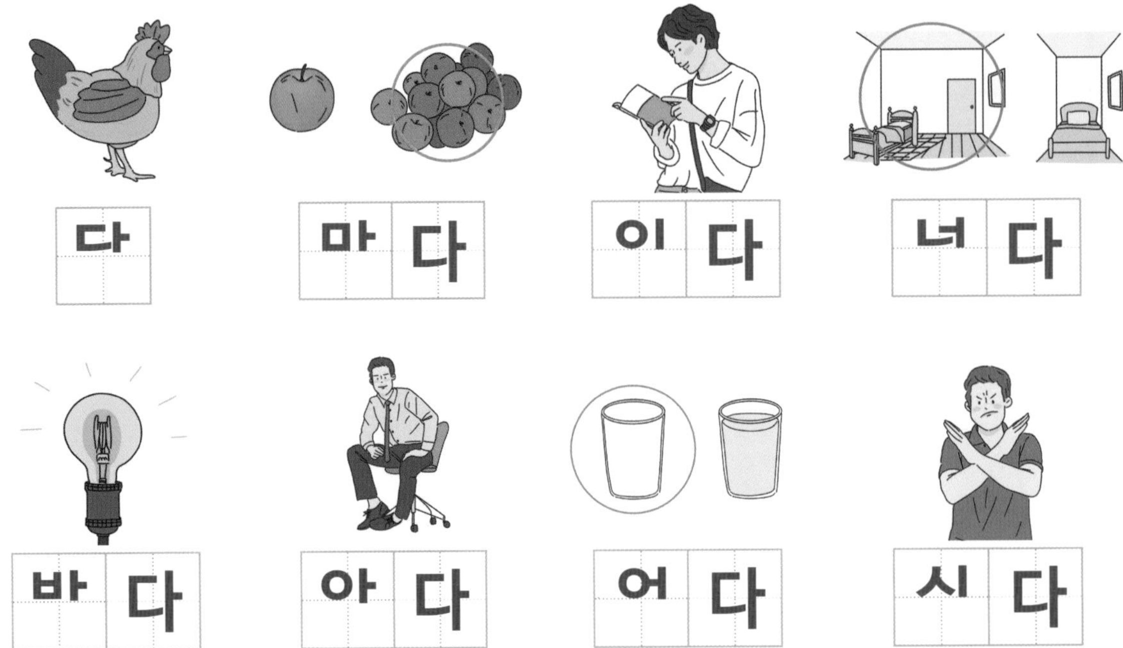

10 다음을 알맞게 연결하세요.

① 밝다 •　　　　• 

② 많다 •　　　　• 

③ 넓다 •　　　　• 

④ 닭 •　　　　• 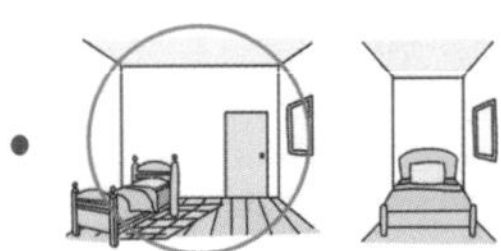

⑤ 싫다 •　　　　• 

11 그림의 낱말을 아래에서 찾아 ○ 하고 빈칸에 쓰세요.

널	넓	약	컵	잠	실	싫	감
없	다	산	박	하	싣	다	밖
구	름	김	밝	다	곰	익	익
버	엄	숲	엄	따	집	많	다
볶	밭	닦	꽃	깍	다	만	타
풍	안	닭	따	밥	해	돋	이
강	앉	다	좋	다	억	읽	다

다시 공부하기

그림 카드를 보며 다시 한번 공부하세요.

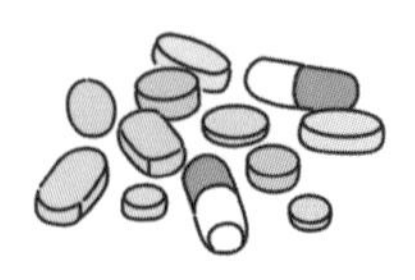
약

엄마

구름

곰

종

감

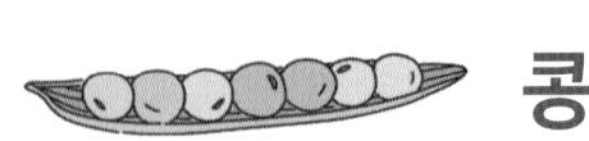
콩

김치

병

남자

고양이

꿈

공

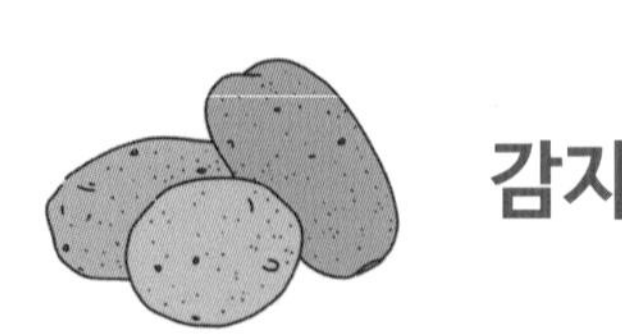
감자

창

다시 공부하기

그림 카드를 보며 다시 한번 공부하세요.

돈

병아리

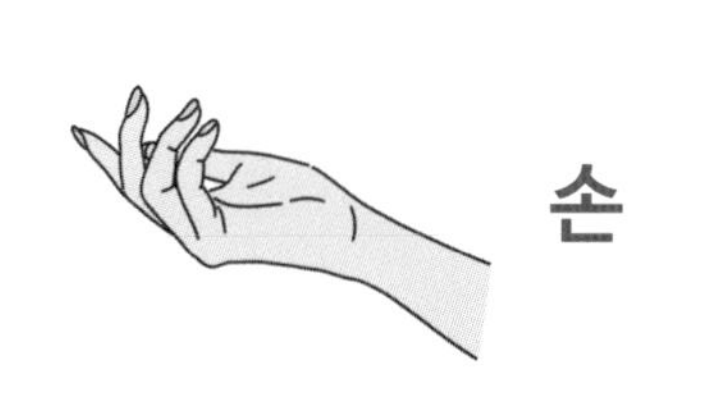

손

강아지

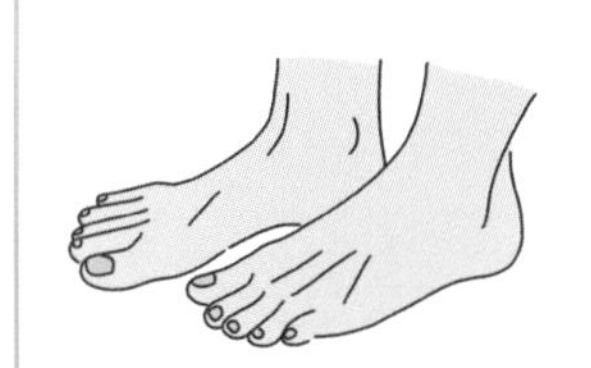

발

돌

산

우산

밥

달

십

별

잎

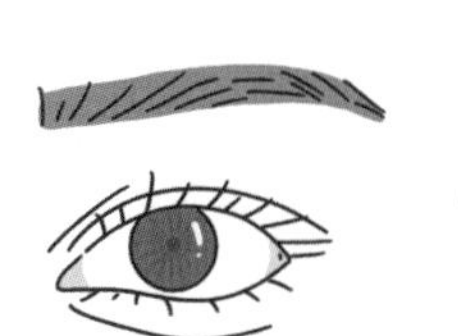

눈

입

다시 공부하기

그림 카드를 보며 다시 한번 공부하세요.

강

집

닦다

숲

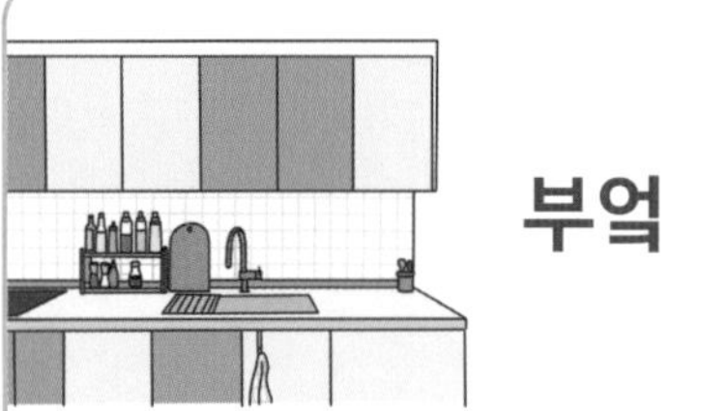
부엌

컵

섬

탑

깎다

학교

악어

수박

해돋이

떡볶이

꽃

다시 공부하기

그림 카드를 보며 다시 한번 공부하세요.

김

옷

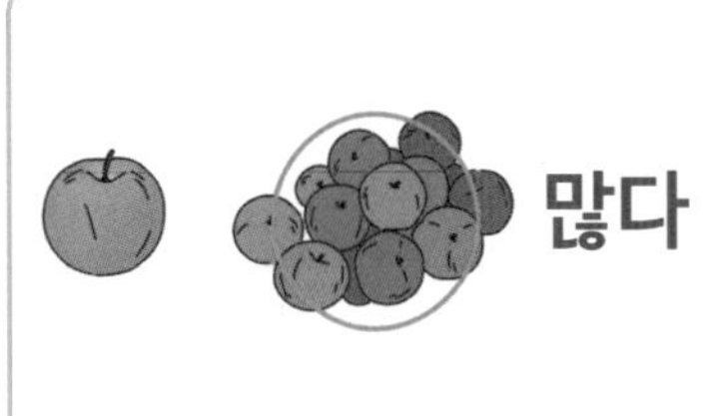
많다

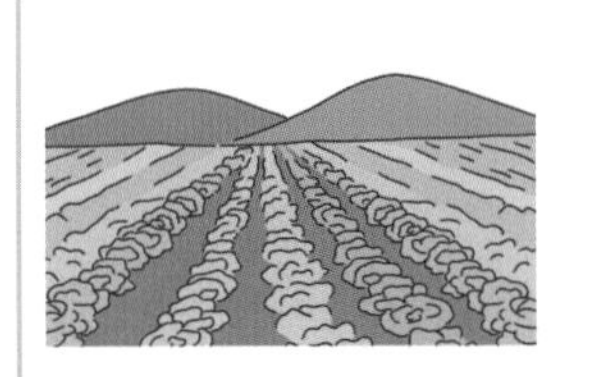
밭

읽다

낮

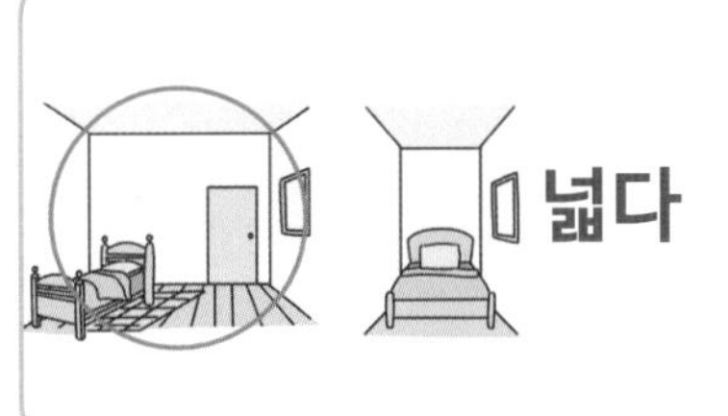
넓다

빗

밝다

좋다

앉다

있다

닭

없다

싫다

다시 공부하기

그림에 맞는 글자를 찾아 ○ 하세요.

악	안	알	아	어

오	우	산	삼

긴	김	깁	지	치

단	담	달

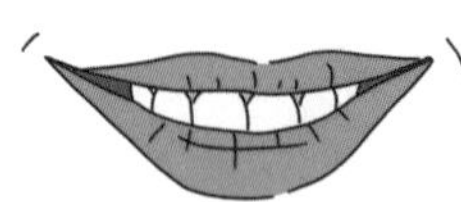

임	입	잎

임	입	잎

곤	곰	공

고	구	얀	양	이

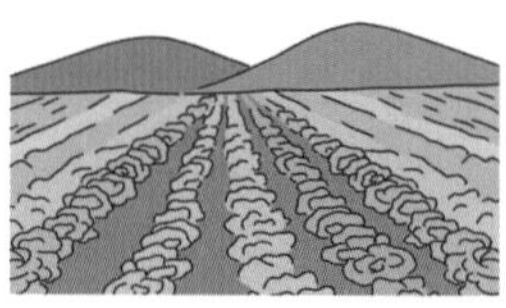

밧	받	밭

빋	빗	빌

담	달	닦	다	따

언	업	없	다	따

만	많	망	다	타

안	앉	앙	다	따

좀	졸	좋	다	타

다시 공부하기

다음 그림의 낱말을 찾아 ○ 하세요.

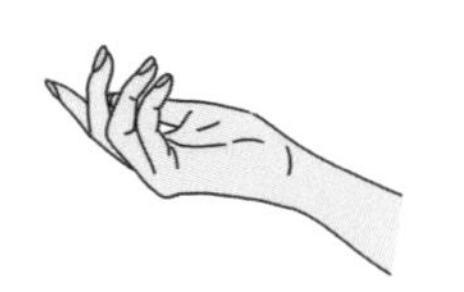

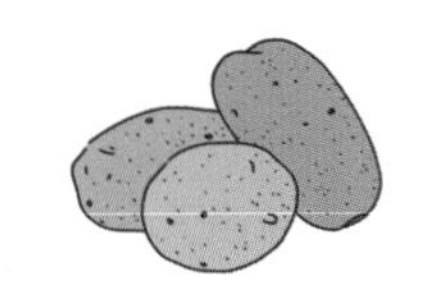

십	유	가	거	김	긴	코	끼	리	담
머	디	심	싶	지	치	우	사	지	달
지	콤	병	아	리	다	주	고	구	단
검	공	곤	리	언	엄	수	양	얀	악
잎	곰	노	입	얼	마	어	이	감	리
비	간	감	포	궁	개	우	산	소	순
시	강	자	푸	도	감	너	무	솜	손

다시 공부하기

다음 그림의 낱말을 찾아 ○ 하세요.

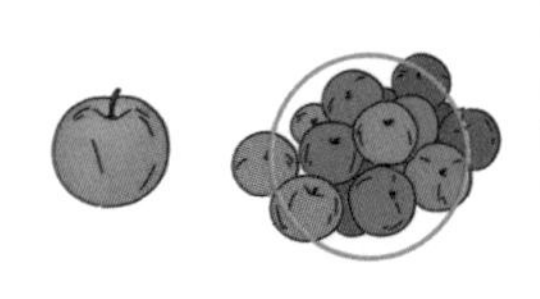
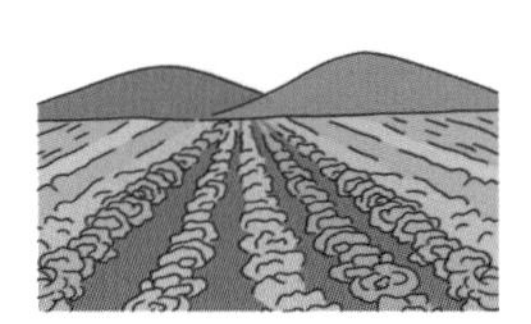

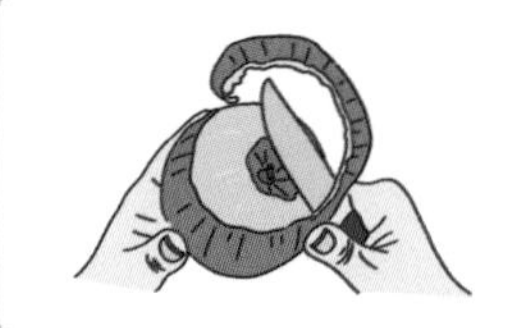

호	아	닦	닭	달	푸	부	자	우	요
학	악	다	지	오	억	엌	전	가	빗
꼿	꼬	어	밝	박	좋	개	거	깍	귀
꽃	말	만	밖	좇	다	기	오	깎	다
리	많	다	여	구	빠	야	개	않	안
마	타	타	축	업	없	기	구	앉	다
가	받	밧	밭	엎	다	라	리	까	따

다시 공부하기

낱말을 받아쓰세요.

1
2
3
4
5
6
7
8
9
10

1
2
3
4
5
6
7
8
9
10

다시 공부하기

그림을 그려 보세요.

엄마	콩	돌

눈	집	악어

해돋이	없다	닭

다시 공부하기

그림에 알맞은 낱말을 보기에서 찾아 쓰세요.

〈보기〉 악어, 손, 깎다, 입, 감자, 고양이, 빗, 잎,
공, 달, 없다, 우산, 엄마, 닭, 김치, 꽃

다시 공부하기

그림에 알맞은 낱말을 보기에서 찾아쓰세요.

〈보기〉 많다, 앉다, 엄마, 깎다, 우산, 공, 입, 고양이,
잎, 감자, 빗, 부엌, 손, 달, 악어, 김치

다시 공부하기

그림을 그려 보세요.

곰	공	우산

빗	떡볶이	꽃

많다	입	잎

다시 공부하기

낱말을 받아쓰세요.

1.
2.
3.
4.
5.
6.
7.
8.
9.
10.

1.
2.
3.
4.
5.
6.
7.
8.
9.
10.

다시 공부하기

낱말 빙고 놀이를 해 봅시다.

〈놀이 방법〉 1. 주어진 낱말을 아래 빙고 칸에 자유롭게 써 넣으세요.
2. 친구들과 재미있게 빙고 놀이를 해요.

엄마	종	별
꿈	많다	병
고양이	창문	돌

달	공	입
우산	밥	꽃
앉다	곰	떡볶이

집	김치	싫다
옷	감	콩
해돋이	눈	닭

컵	꽃	악어
없다	숲	닦다
발	읽다	손

다시 공부하기

그림 줄빙고 놀이를 해 봅시다.

〈놀이 방법〉
1. 가위로 한 줄씩 오린 다음 하나를 골라요.
2. 돌아가면서 낱말을 말해요.
3. 친구가 말한 낱말 그림이 양쪽 끝에 있으면 그 그림만 잘라서 내려놓아요.
4. 먼저 다 내려놓는 친구가 이겨요.

다시 공부하기

그림 줄빙고 놀이를 해 봅시다.

〈놀이 방법〉

1. 가위로 한 줄씩 오린 다음 하나를 골라요.
2. 돌아가면서 낱말을 말해요.
3. 친구가 말한 낱말 그림이 양쪽 끝에 있으면 그 그림만 잘라서 내려놓아요.
4. 먼저 다 내려놓는 친구가 이겨요.

모음 2

22. ㅒ, ㅖ

얘 예

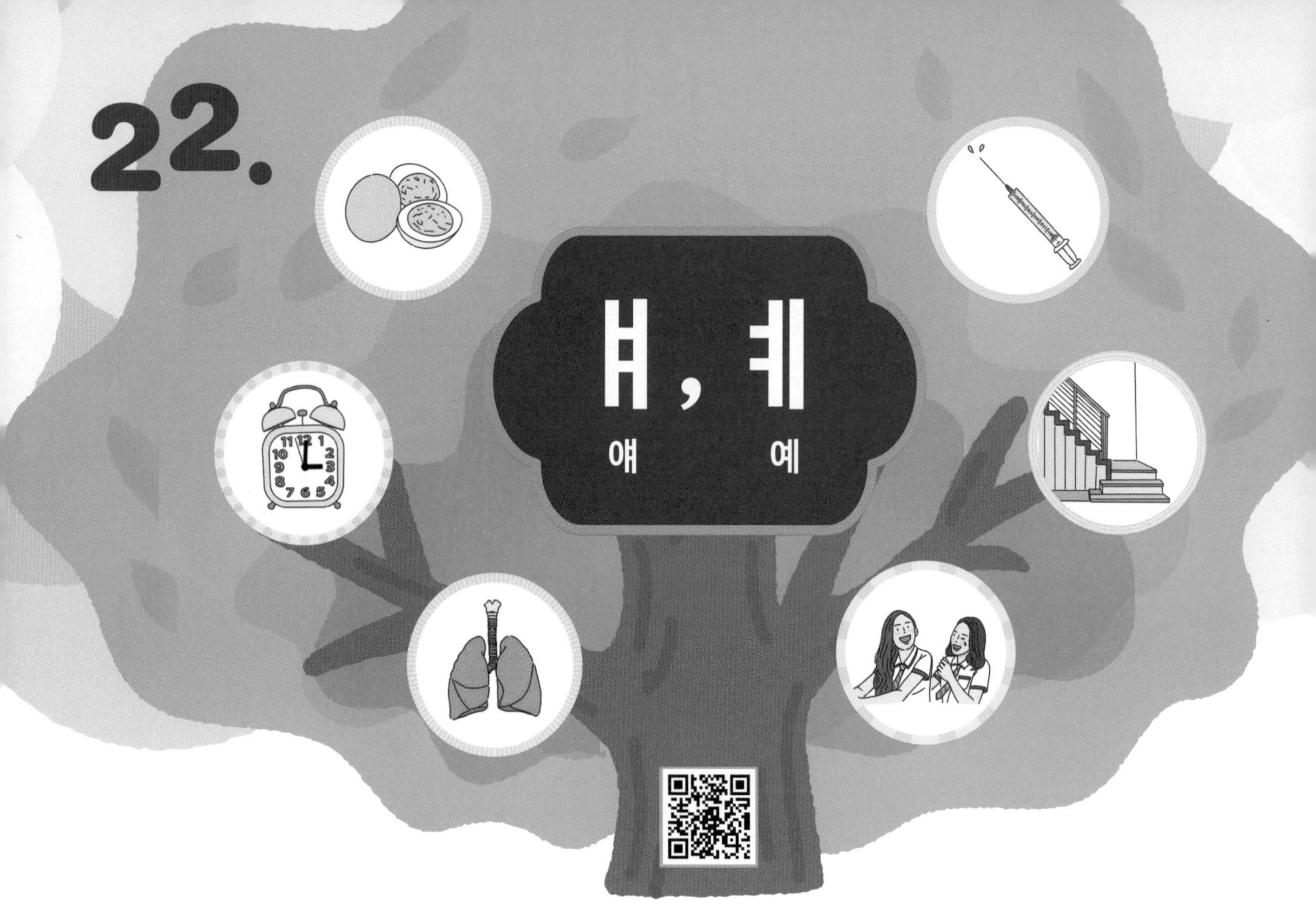

1 잘 듣고 위 그림의 낱말을 익혀 보세요.

계란 폐 예방주사 얘기 시계 계단

2 듣고 따라해 보세요.

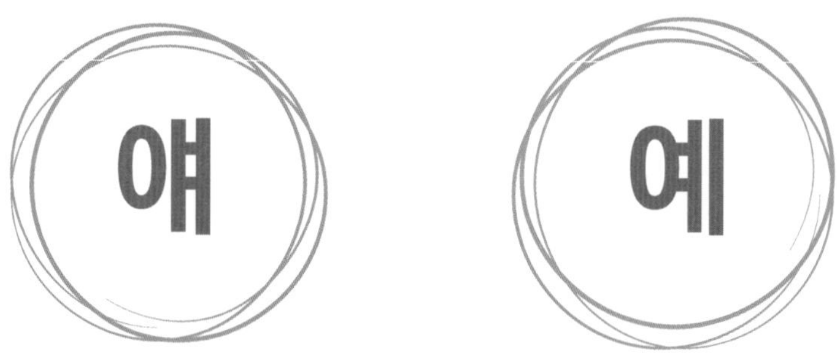

❸ 바르게 쓰고 소리 내어 읽어 보세요.

				ㄱ	ㅇ	ㄱ	ㅇ	ㄱ
ㅒ	ㅒ	ㅒ	ㅒ	걔				
ㅖ	ㅖ	ㅖ	ㅖ	계				

❹ ㅒ, ㅖ가 있는 글자를 찾아보세요.

어 얘 으 계 셰 우 계
애 우 이
오 세 에
걔 우
얘 요
예 밤 쟤 유
오 이 여 으 폐 우 여

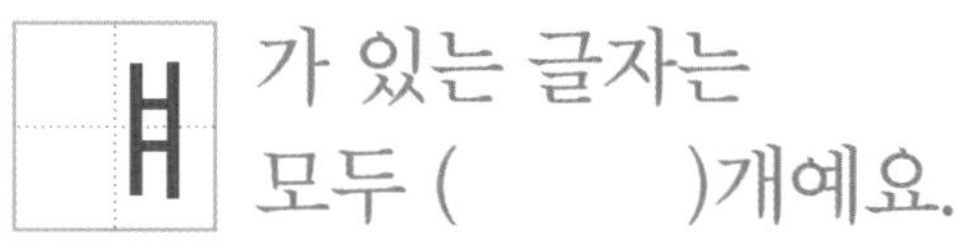

ㅒ 가 있는 글자는 모두 (　　　)개예요.

ㅖ 가 있는 글자는 모두 (　　　)개예요.

❺ 잘 듣고 알맞은 그림을 찾아 ○ 하세요.

✚ 듣기 계란, 폐, 얘기, 예방주사

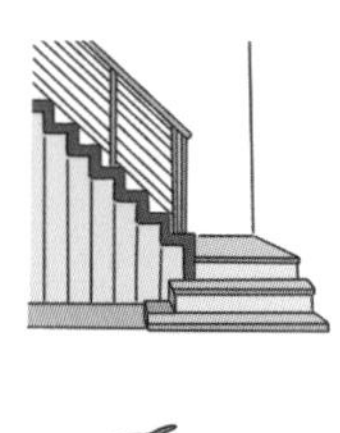

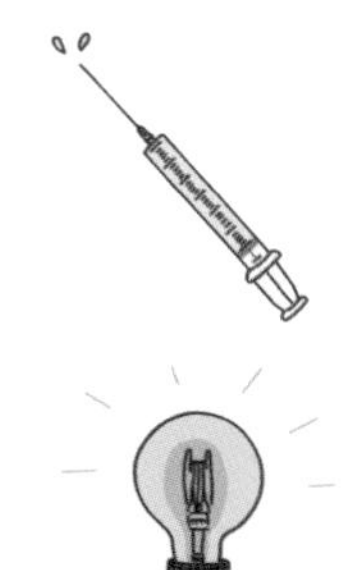

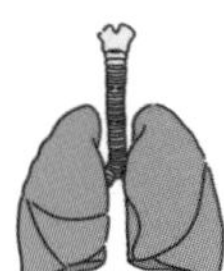

6 다음을 알맞게 연결하세요.

① 예방주사 • 

② 얘기 • 

③ 계란 • 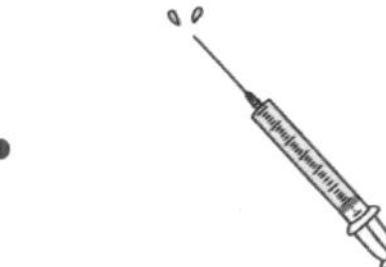

④ 시계 • 

⑤ 계단 • 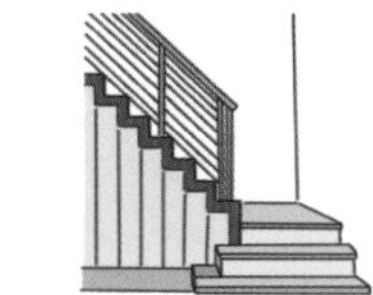

7 같은 낱말을 찾아 ○ 하세요.

	얘기	에기	예기	애기	얘기
	예방주사	애방주사	예방주사	예반주사	얘방주사
	계란	개란	계란	게린	기린
	시계	시계	시개	세기	시간
	앉다	앉다	앓다	않다	알다

8 잘 듣고 낱말을 완성하세요.

✚ 듣기 계란, 계단, 시계, 얘기, 폐, 예방주사

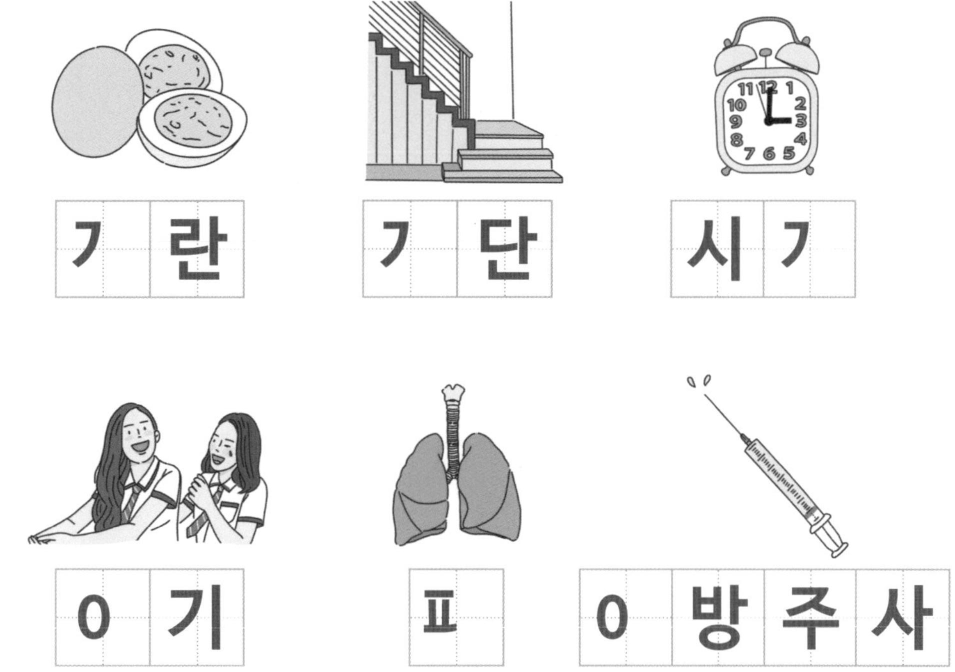

9 듣고 따라 읽어 보세요.

친구랑 쉬는 시간에 얘기했어요.
시계를 보니 쉬는 시간이 끝났어요.

23.

ㅘ, ㅝ

와 워

1 잘 듣고 위 그림의 낱말을 익혀 보세요.

사과 동물원 원숭이
병원 소화기 타워 화장실 더워요

2 듣고 따라해 보세요.

3 바르게 쓰고 소리 내어 읽어 보세요.

				ㄱ	ㄴ	ㅇ	ㅈ	ㅎ
ㅘ	ㅘ	ㅘ	ㅘ	과				
ㅝ	ㅝ	ㅝ	ㅝ	궈				

4 ㅘ, ㅝ가 있는 글자를 찾아보세요.

어 화 워 으 요 와 유
요 유 과 권 와
유 이 야 워 요 우 와
워 오 으 원 요 과

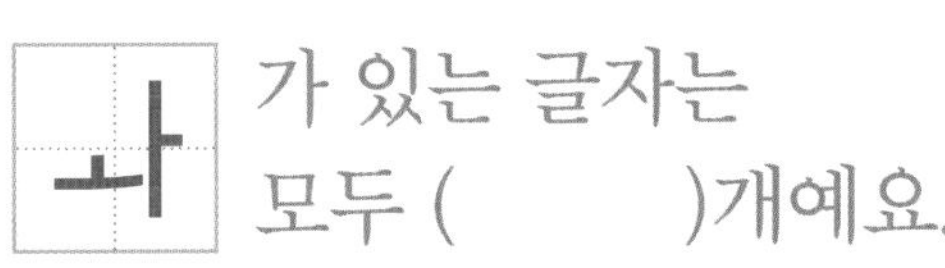

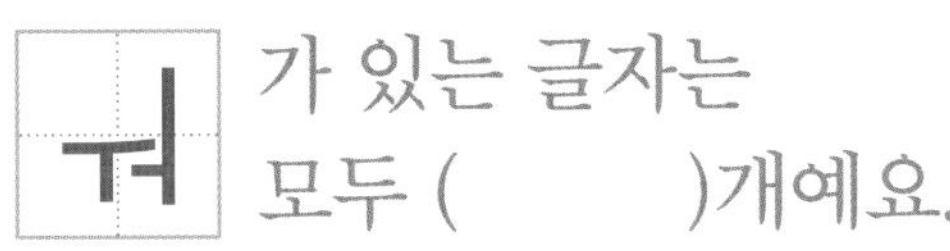

5 잘 듣고 알맞은 그림을 찾아 ○ 하세요.

✚ 듣기 소화기, 사과, 더워요, 원숭이

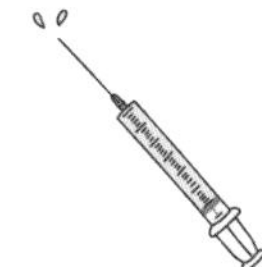
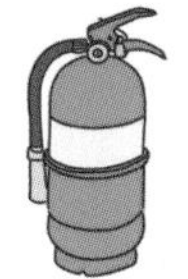

6 그림의 낱말을 아래에서 찾아 ○ 하고 빈칸에 쓰세요.

없	다	와	시	궈	원	송	밖
동	통	훠	사	과	완	숭	히
기	병	숲	엄	괴	집	많	이
더	밭	원	전	와	개	계	다
워	위	소	화	기	해	괴	이
요	앉	요	장	다	소	방	관
와	타	워	실	돌	돌	흙	감

7 잘 듣고 낱말을 완성하세요.

8 듣고 따라 읽어 보세요.

원숭이가 사과를 많이 먹어요.

✚ 듣기 사과, 타워, 화장실, 원숭이, 소방관, 소화기, 더워요, 병원

24. ㅟ, ㅢ

위 의

1 잘 듣고 위 그림의 낱말을 익혀 보세요.

다람쥐 귀 키위 가위 의자 바퀴 위 바위 의사

2 듣고 따라해 보세요.

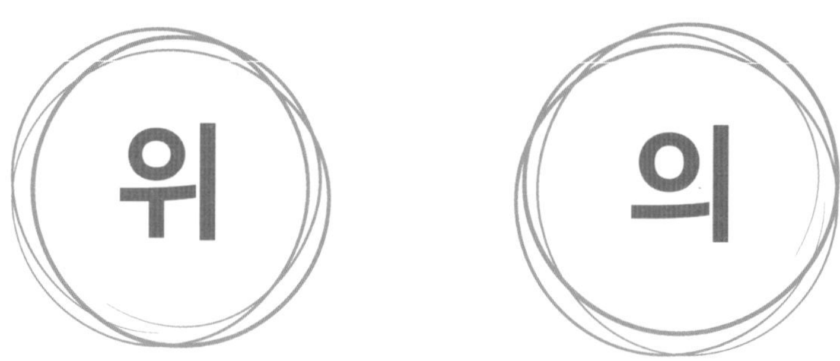

❸ 바르게 쓰고 소리 내어 읽어 보세요.

				ㄱ	ㅅ	ㅇ	ㅈ	ㅋ
ㅟ	ㅟ	ㅟ	ㅟ	귀				
				ㅇ	ㅎ	ㅇ	ㅎ	ㅇ
ㅢ	ㅢ	ㅢ	ㅢ	의				

❹ ㅟ, ㅢ가 있는 글자를 찾아보세요.

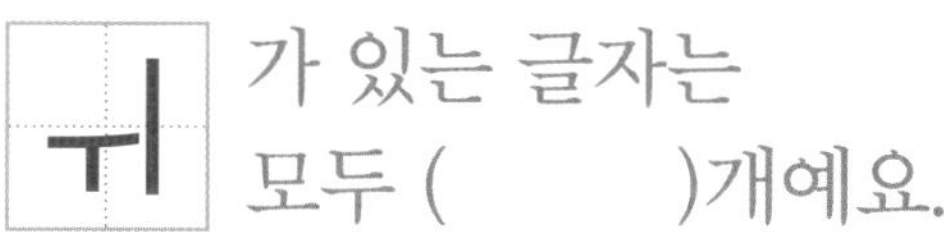
ㅟ 가 있는 글자는 모두 (   )개예요.

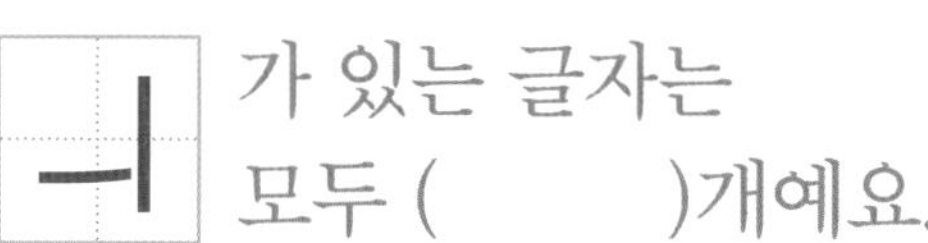
ㅢ 가 있는 글자는 모두 (   )개예요.

❺ 잘 듣고 알맞은 그림을 찾아 ○ 하세요.

✚ 듣기 귀, 의사, 의자, 다람쥐

6 다음을 알맞게 연결하세요.

① 위 •　　　　　　　　　　• 

② 바퀴 •　　　　　　　　　• 

③ 귀 •　　　　　　　　　　• 

④ 의자 •　　　　　　　　　• 

⑤ 다람쥐 •　　　　　　　　• 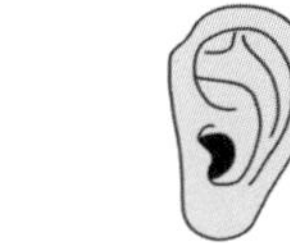

7 같은 낱말을 찾아 ○ 하세요.

	바퀴	파퀴	바과	퍼퀴	바퀴
	의사	의사	의자	와사	워사
	귀	퀴	기	과	귀
	다람쥐	다람좌	다람쥐	다람줘	다람지
	사과	사궈	시과	사과	사가

8 잘 듣고 낱말을 완성하세요.

✚ 듣기 의자, 위, 귀, 키위, 의사, 가위, 다람쥐, 바퀴

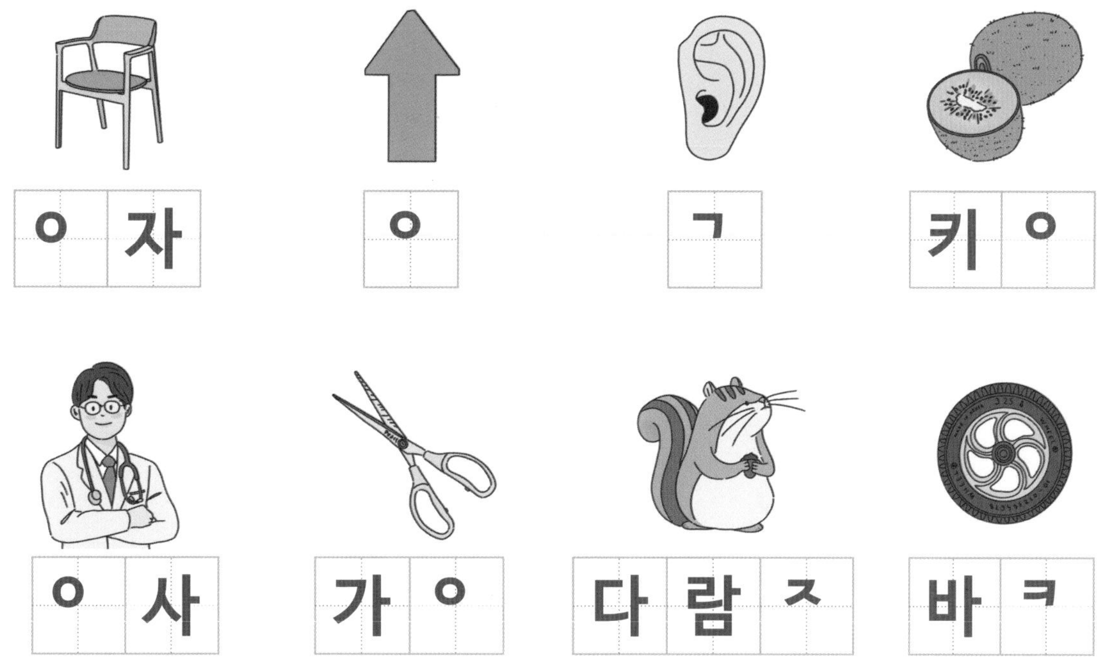

9 듣고 따라 읽어 보세요.

귀가 아파서 병원에 갔어요.
의사 선생님이 치료해 주셨어요.

25.

ㅙ, ㅚ, ㅞ

왜 외 웨

1 잘 듣고 위 그림의 낱말을 익혀 보세요.

참외 최고 열쇠

스웨터

돼지 교회 왜가리 웨딩드레스

2 듣고 따라해 보세요.

3 바르게 쓰고 소리 내어 읽어 보세요.

				ㄱ	ㄷ	ㅇ	ㅎ
ㅙ	ㅙ	ㅙ	ㅙ				

				ㄱ	ㄴ	ㅅ	ㅊ
ㅚ	ㅚ	ㅚ	ㅚ				

				ㄱ	ㅇ	ㅈ	ㅎ
ㅞ	ㅞ	ㅞ	ㅞ				

4 ㅙ, ㅚ, ㅞ가 있는 글자를 찾아보세요.

왜 우 웨 궤 야 애 여 쇠 야 왜 오 웨 외 훼 우 이 꾀 으 웨 에 여 으 왜 회 쇠 애 이 왜 죄 야 돼

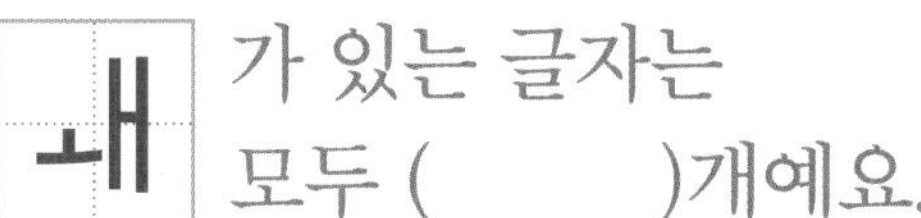
ㅙ 가 있는 글자는 모두 (   )개예요.

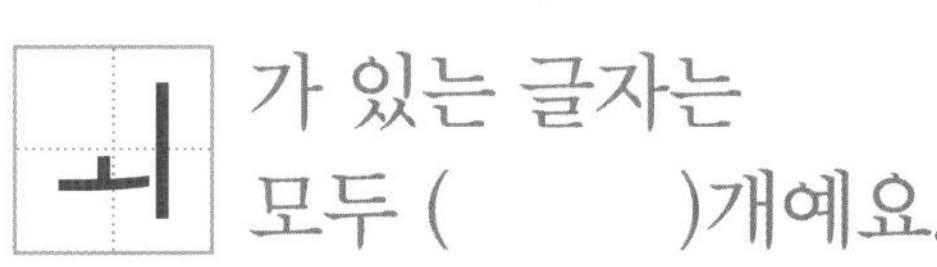
ㅚ 가 있는 글자는 모두 (   )개예요.

ㅞ 가 있는 글자는 모두 (   )개예요.

5 **그림의 낱말을 아래에서 찾아 ○ 하고 빈칸에 쓰세요.**

콩	타	퉤	컵	위	왜	흙	감
없	다	돼	지	웨	가	규	밖
참	잠	화	치	사	리	교	회
외	위	퀴	열	쇠	집	구	희
흰	나	비	전	채	최	애	스
워	잎	왜	외	취	고	구	웨
요	앉	웨	딩	드	레	스	터

6 잘 듣고 알맞은 그림을 찾아 ○ 하세요.

✚ 듣기 열쇠, 돼지, 최고, 스웨터

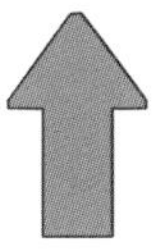

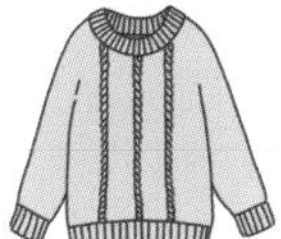

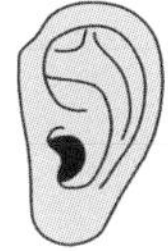

7 잘 듣고 낱말을 완성하세요.

✚ 듣기 열쇠, 스웨터, 돼지, 교회, 참외, 최고, 웨딩드레스, 왜가리

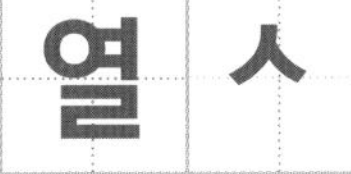

스 ㅇ 터

ㄷ 지

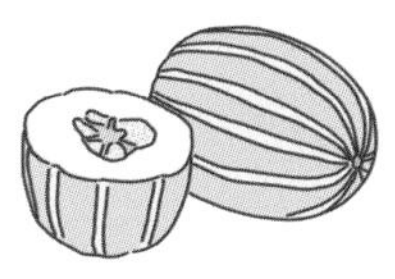
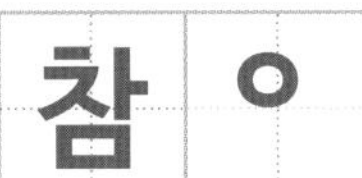

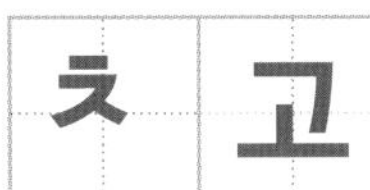

8 듣고 따라 읽어 보세요.

아기 돼지가 참외를 먹어요.

다시 공부하기

그림 카드를 보며 다시 한번 공부하세요.

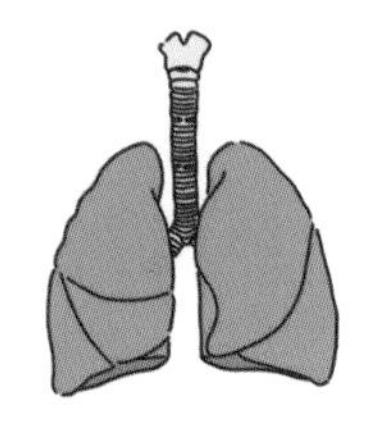
폐

화장실

의자

계란

소방관

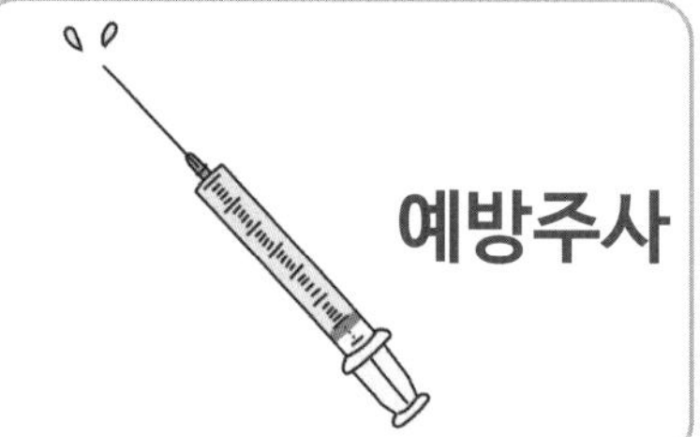
예방주사

소화기

시계

원숭이

얘기

타워

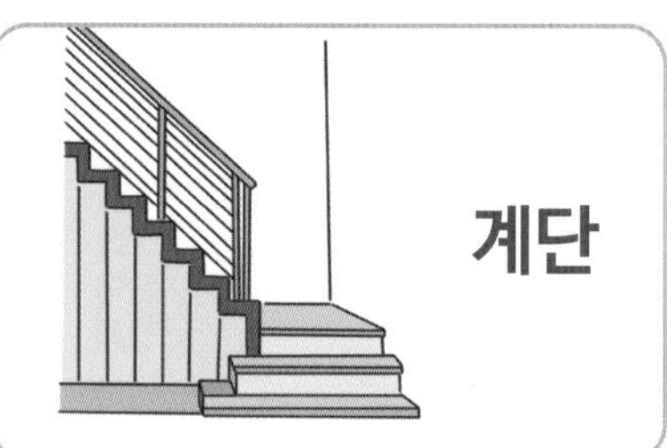
계단

더워요

사과

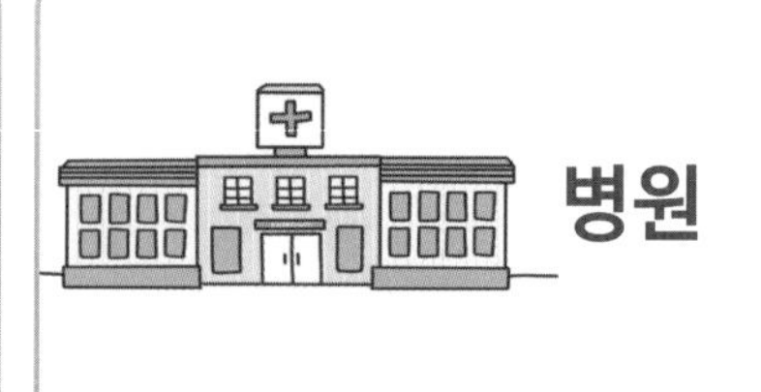
병원

다시 공부하기

그림 카드를 보며 다시 한번 공부하세요.

다시 공부하기

그림에 맞는 글자를 찾아 ○ 하세요.

개	계	란	랑

시	지	개	계

야	얘	왜	기	키

소	수	방	권	관

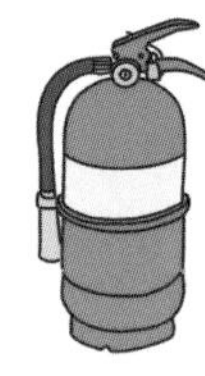

사	소	와	화	기

다	타	와	워

변	병	명	원	윈

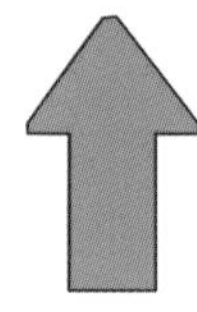

우	위	왜

다	나	람	쥐	지

열	쇠	새

돼	뒤	지	치

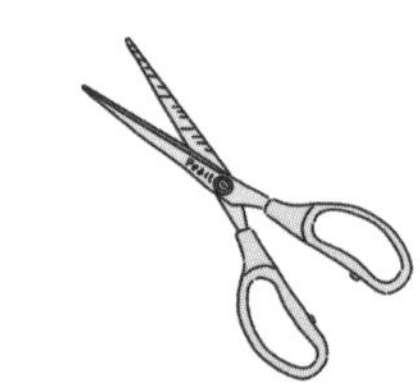

카	가	위	의

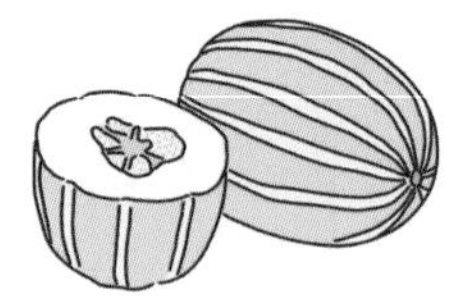

잠	참	외	위

위	왜	의	가	리

스	위	왜	웨	터

다시 공부하기

다음 그림의 낱말을 찾아 ○ 하세요.

의	사	최	고	게	개	시	사	과	담
자	라	교	구	계	란	우	소	방	관
지	초	병	아	리	뒈	돼	고	구	단
검	소	화	기	연	영	지	다	더	악
잎	곰	노	키	열	쇠	어	추	워	유
비	왜	가	리	이	새	얘	아	요	오
스	웨	터	우	위	감	예	기	솜	손

다시 공부하기

다음 그림의 낱말을 찾아 ○ 하세요.

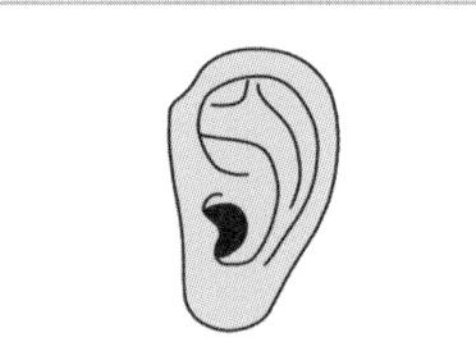

호	아	파	다	카	푸	부	자	우	요
흔	한	박	람	쿠	억	우	왜	와	빗
흰	바	퀴	쥐	키	기	개	가	구	귀
찬	공	사	밖	워	위	기	리	라	다
리	시	계	야	구	밝	야	수	골	시
잠	찬	워	의	으	없	스	웨	터	개
참	외	밧	자	사	다	라	투	까	치

다시 공부하기 낱말을 받아쓰세요.

1

2

3

4

5

6

7

8

9

10

1

2

3

4

5

6

7

8

9

10

다시 공부하기

그림을 그려 보세요.

계란	얘기	사과
화장실	타워	참외
다람쥐	키위	바퀴

다시 공부하기

그림에 알맞은 낱말을 보기에서 찾아 쓰세요.

〈보기〉 소화기, 의자, 의사, 바퀴, 돼지, 원숭이, 계란, 참외, 더워요, 다람쥐, 열쇠, 최고, 귀, 키위, 스웨터, 왜가리

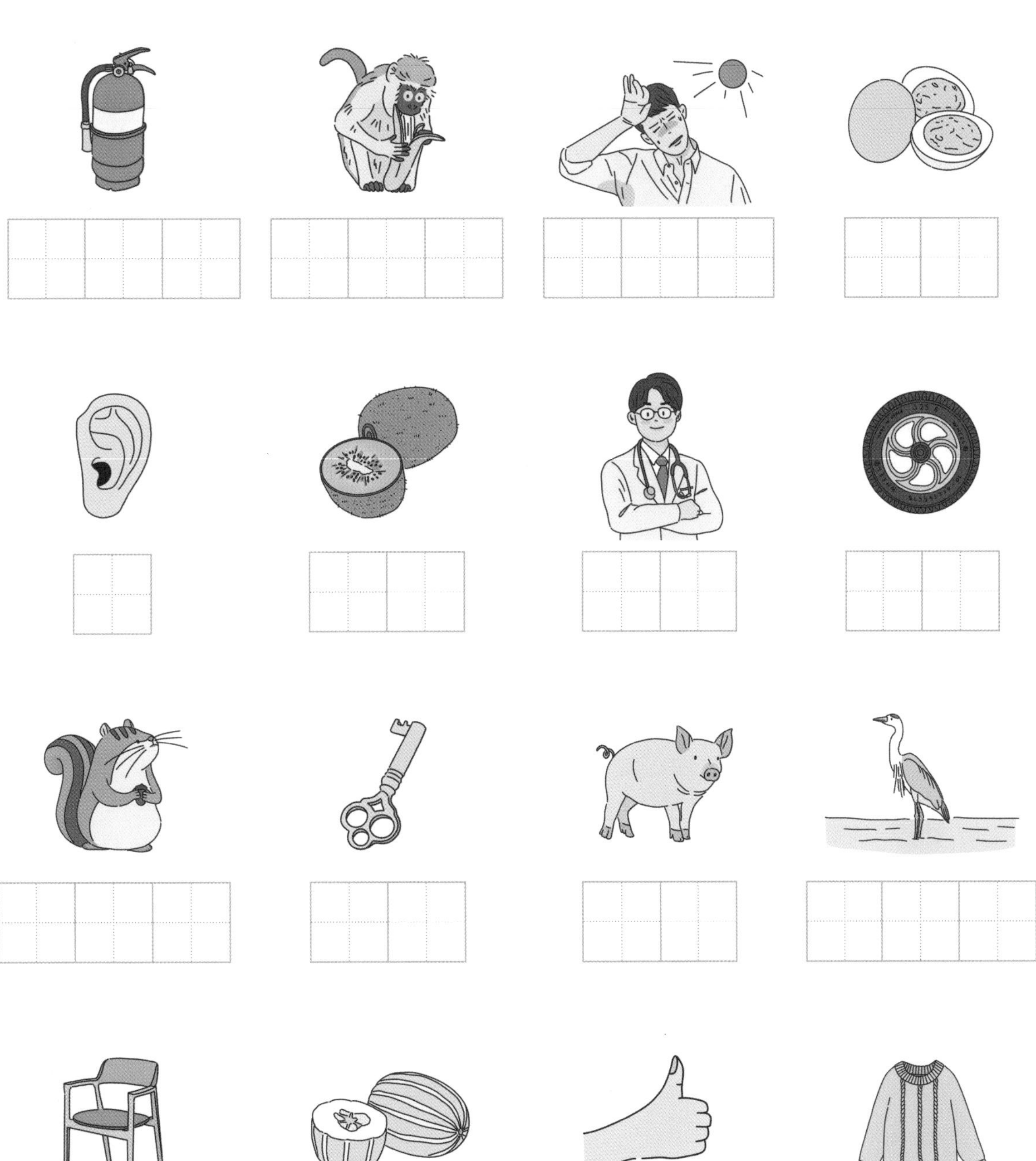

다시 공부하기

그림에 알맞은 낱말을 보기에서 찾아쓰세요.

〈보기〉 왜가리, 위, 타워, 병원, 귀, 계란, 다람쥐, 돼지, 바퀴, 사과, 원숭이, 열쇠, 더워요, 키위, 얘기, 소화기

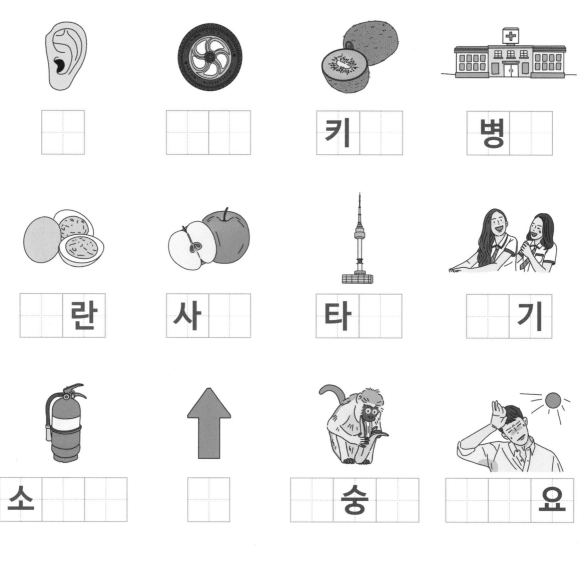

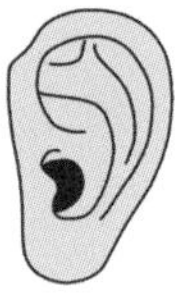

☐	☐☐☐☐	키☐☐	병☐☐
☐☐란	사☐☐	타☐☐	☐☐기
소☐☐☐	☐	☐☐숭☐☐	☐☐☐☐요
다☐☐☐	☐☐☐☐리	열☐☐	☐☐지

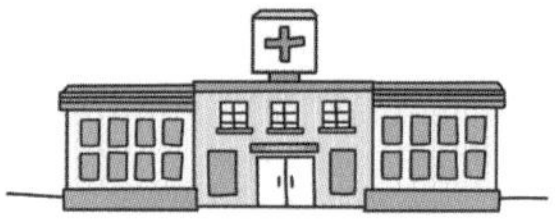

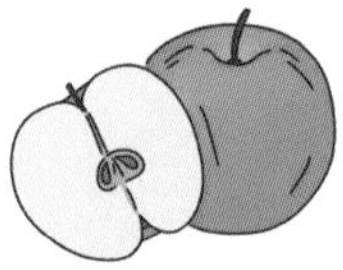

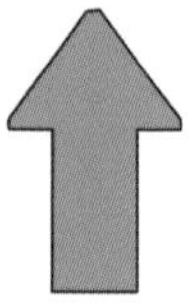

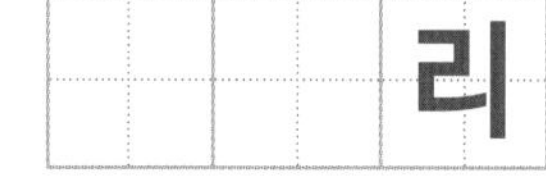

다시 공부하기

그림을 그려 보세요.

의자	예방주사	귀

최고	돼지	스웨터

시계	열쇠	왜가리

다시 공부하기

낱말을 받아쓰세요.

❶

❷

❸

❹

❺

❻

❼

❽

❾

❿

❶

❷

❸

❹

❺

❻

❼

❽

❾

❿

다시 공부하기

낱말 빙고 놀이를 해 봅시다.

〈놀이 방법〉 1. 주어진 낱말을 아래 빙고 칸에 자유롭게 써 넣으세요.
2. 친구들과 재미있게 빙고 놀이를 해요.

병원	참외	화장실
계란	타워	시계
원숭이	예방주사	더워요

계단	위	키위
귀	스웨터	의사
교회	타워	얘기

다람쥐	열쇠	참외
사과	원숭이	얘기
왜가리	계란	최고

소화기	왜가리	소방관
돼지	더워요	스웨터
귀	키위	의자

다시 공부하기

그림 줄빙고 놀이를 해 봅시다.

〈놀이 방법〉

1. 가위로 한 줄씩 오린 다음 하나를 골라요.
2. 돌아가면서 낱말을 말해요.
3. 친구가 말한 낱말 그림이 양쪽 끝에 있으면 그 그림만 잘라서 내려놓아요.
4. 먼저 다 내려놓는 친구가 이겨요.

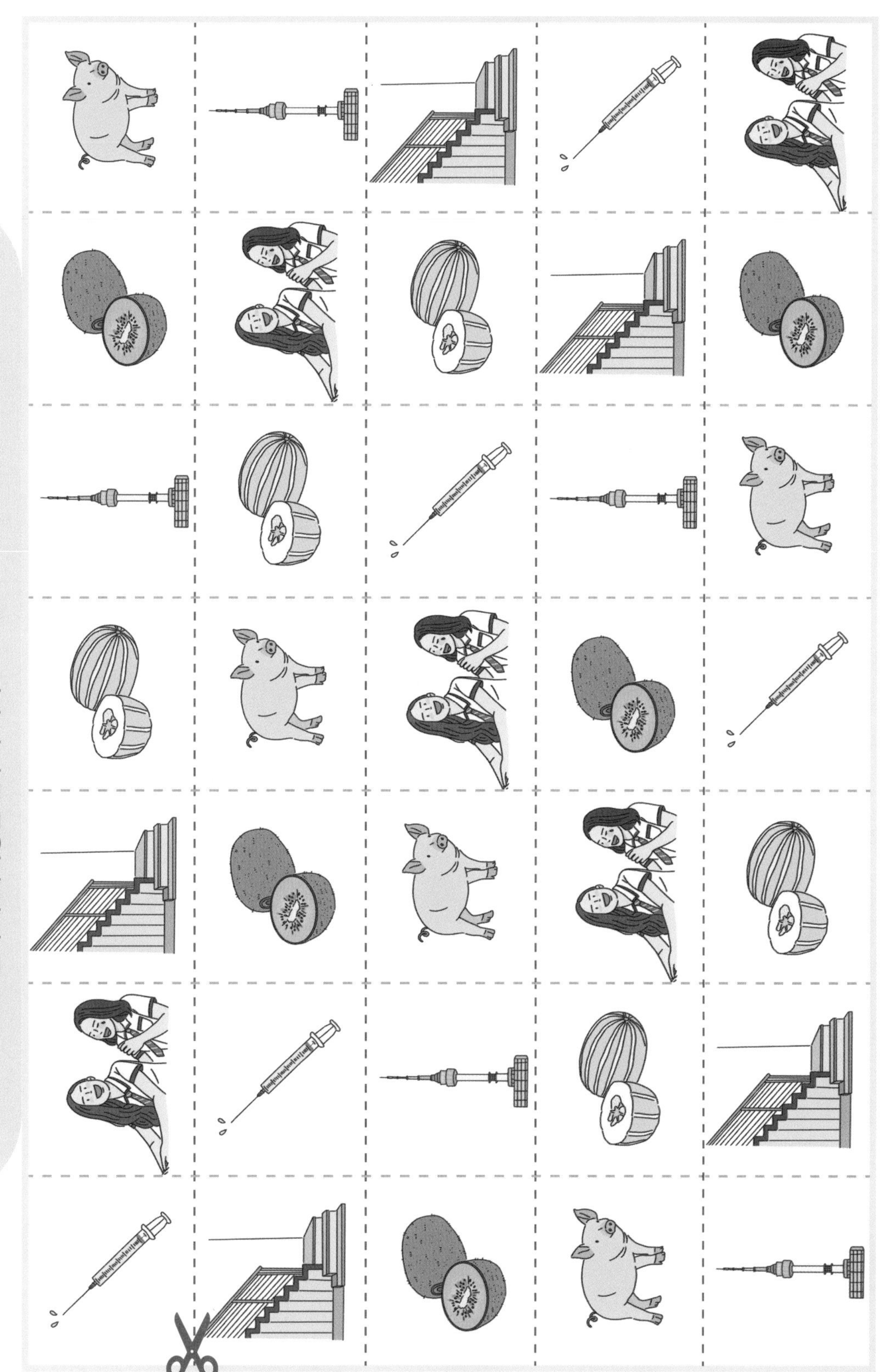

다시 공부하기

그림 줄빙고 놀이를 해 봅시다.

〈놀이 방법〉

1. 가위로 한 줄씩 오린 다음 하나를 골라요.
2. 돌아가면서 낱말을 말해요.
3. 친구가 말한 낱말 그림이 양쪽 끝에 있으면 그 그림만 잘라서 내려놓아요.
4. 먼저 다 내려놓는 친구가 이겨요.

01. ㅏ, ㅓ

❹ ㅏ는 모두 4개예요. / ㅓ는 모두 4개예요.

❺

❻ 아이, 어머니, 아버지, 아들, 어부, 어른, 아침, 아기

❼
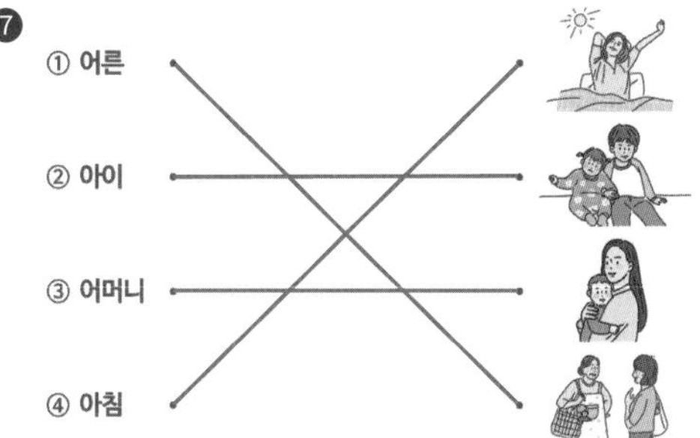

❽

아	기	누	어	부	느	비
우	버	머	비	나	무	아
바	우	니	요	요	비	여
지	유	아	침	아	여	어
아	버	지	우	이	무	머
어	바	니	오	리	지	니

02. ㅗ, ㅜ

❹ ㅗ는 모두 4개예요. / ㅜ는 모두 4개예요.

❺

❻ 우산, 오, 우주선, 오리, 고기, 우유, 구, 소

❼

❽

	정답				
	오이	우이	오아	(오이)	어이
	우유	(우유)	유우	여유	오유
	고기	구기	거기	(고기)	고거
9	구	가	거	고	(구)
	어머니	(어머니)	아머니	아버니	아버지

03. ㅡ, ㅣ

❹ ㅡ는 모두 2개예요. / ㅣ는 모두 2개예요.

❺

❻ 마스크, 이불, 이사, 으, 이, 그림, 기차, 오이

❼
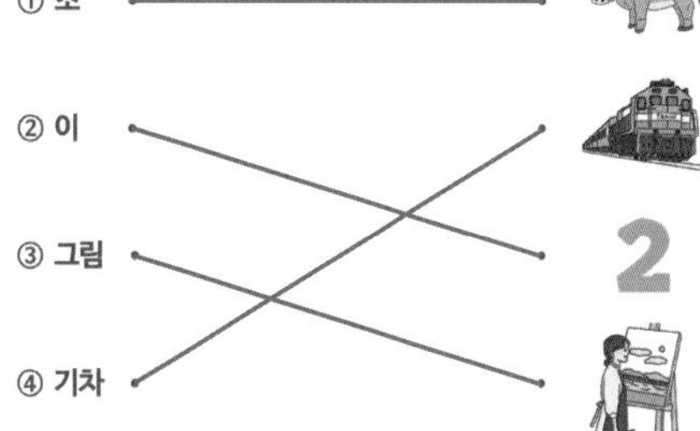

❽

아	소	어	부	으	버	비
이	기	이	머	무	앙	불
우	그	림	바	니	지	기
이	우	니	요	오	이	차
불	유	아	이	너	아	지
마	스	크	사	버	이	구

04. ㅐ, ㅔ

❹ ㅐ는 모두 5개예요. / ㅔ는 모두 5개예요.

❺

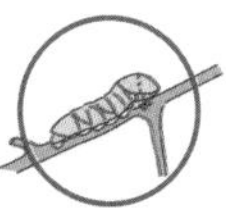

2

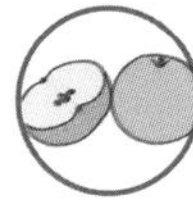
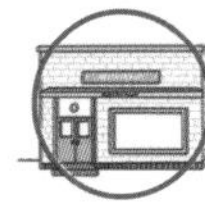

❻ 개미, 게, 애벌레, 그네, 제비, 개, 가게, 베개

❼

① 개

② 이

③ 게

④ 그림

2

❽

	개	게	거	개	가
	게	개	게	거	구
	배	배	베	버	바
	베개	배게	배개	버게	베개
	이사	으사	이사	이서	어사

05. ㅑ, ㅕ

❹ ㅑ는 모두 5개예요. / ㅕ는 모두 9개예요.

❺

❻ 여우, 야옹, 야호, 여자, 야구, 여름, 여치, 야자수

❼

① 개 

② 여우 

③ 야호 

④ 게 

❽

거	미	어	야	민	여	자
여	우	이	호	자	기	해
매	아	구	가	레	수	아
야	이	가	게	야	비	버
옹	민	여	크	구	미	스
해	스	치	유	버	개	앙

06. ㅛ, ㅠ

❹ ㅛ는 모두 3개예요. / ㅠ는 모두 4개예요.

❺

❻ 요요, 우유, 교실, 요리사, 유니콘, 요트, 휴지, 유리

❼

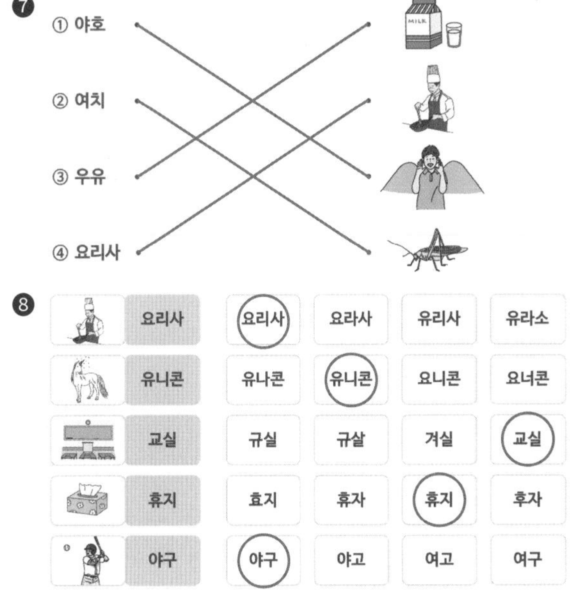

❽

다시 공부하기

• 36쪽

• 37쪽

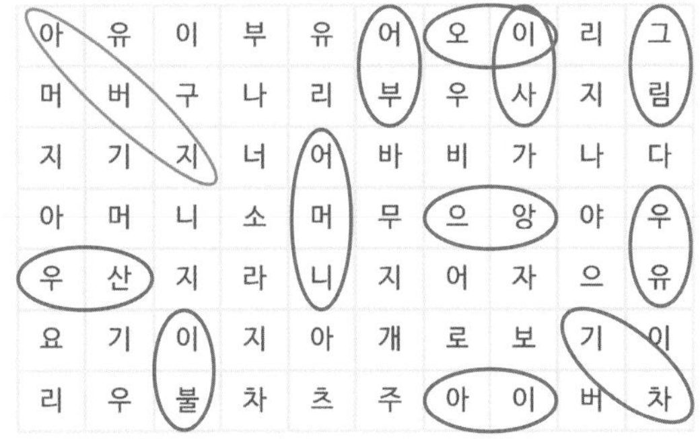

아 유 이 부 유 어 오 이 리 그
머 버 구 나 리 부 우 사 지 림
지 기 지 너 어 바 비 가 나 다
아 머 니 소 머 무 으 앙 야 우
우 산 지 라 니 지 어 자 으 유
요 기 이 지 아 개 로 보 기 이
리 우 불 차 츠 주 아 이 버 차

• 38쪽

우 리 어 머 요 요 유 자 우 요
아 요 트 지 유 리 그 네 가 개
버 리 그 내 여 사 개 지 우 미
리 사 자 아 주 우 지 오 게 유
야 응 두 여 구 가 야 으 가 리
옹 가 남 자 고 게 구 앙 나 너
가 요 라 시 개 고 라 리 오 리

• 41쪽

아기, 오이, 야구, 그림, 이, 개, 우산, 아버지, 여우, 게, 아이, 어부, 야옹, 여자, 우유, 요리사

• 42쪽

휴지, 제비, 배, 유리, 베개, 그네, 기차, 오리, 고기, 소, 마스크, 요트, 이불, 야호, 야자수, 개미

07. ㄱ, ㅋ

❹ ㄱ은 모두 7개예요. / ㅋ은 모두 6개예요.

❺

❻ 커피, 거미, 구름, 쿠키, 기린, 고래, 코끼리, 고양이

거	미	구	고	유	구	자	자
여	우	키	양	자	름	꾸	쿠
매	야	리	이	으	쿠	고	키
개	코	창	게	피	구	래	요
코	끼	리	사	구	미	스	스
해	라	카	개	유	두	쿠	커
구	리	기	린	유	지	거	피

❼ 거미, 코끼리, 기린, 쿠키, 코, 구름, 키, 커피

❹ ㄴ은 모두 3개예요. / ㄷ은 모두 5개예요. / ㅌ은 모두 3개예요.

❺

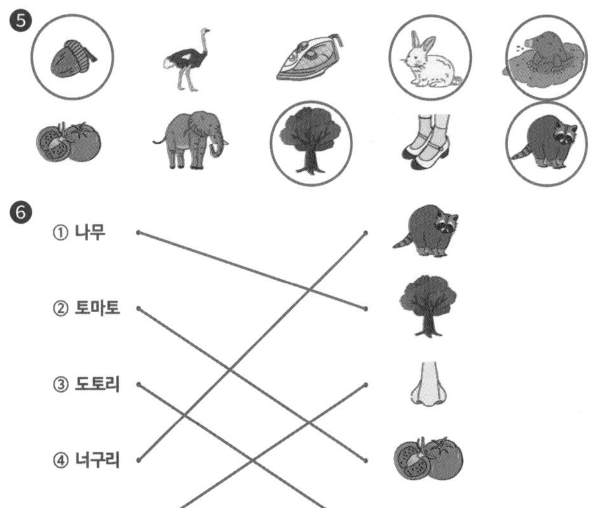

❼

	너구리	가구리	너구리	러구리	마고리
	도토리	토토리	도도리	도토라	도토리
	타조	다조	타조	자토	타주
	토끼	토끼	도끼	도키	토기
	기린	가린	키린	기린	카린

❽ 두더지, 너구리, 타조, 토마토, 구두, 나무, 토끼, 도토리

09. ㅁ, ㅂ, ㅍ

❹ ㅁ은 모두 4개예요. / ㅂ은 모두 3개예요. / ㅍ은 모두 4개예요.

❺

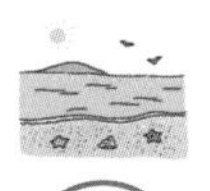

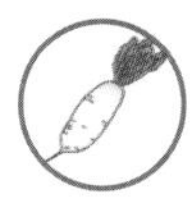

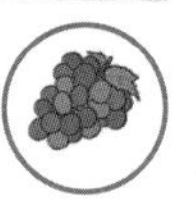

❻ 버스, 포도, 무, 피아노, 피자, 모자, 바다, 파리

토	팝	포	도	토	구	바	파
피	자	마	머	지	마	타	다
다	나	토	비	피	주	미	포
버	코	야	우	아	부	모	자
스	끼	누	도	노	아	스	지
파	리	크	나	디	두	푸	마
해	라	커	무	추	루	맙	모

❼ 무, 피아노, 모자, 파리, 바다, 나비, 포도, 버스

❹ ㅅ은 모두 6개예요.

❺

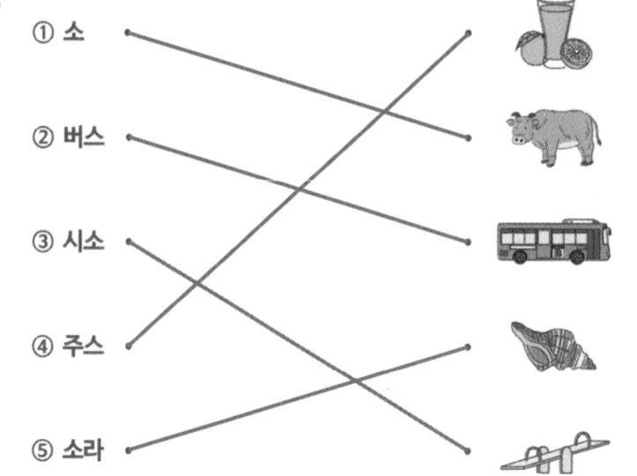

❼

	시소	지소	시조	(시소)	소시
4	사	(사)	자	바	수
	주스	조스	(주스)	수즈	스주
	사과	자과	소과	서과	(사과)
	포도	포두	보도	보두	(포도)

❽ 주스, 시소, 사자, 사과, 소라, 사, 소, 버스

11. ㅈ, ㅊ

❹ ㅈ은 모두 4개예요. / ㅊ은 모두 4개예요.

❺

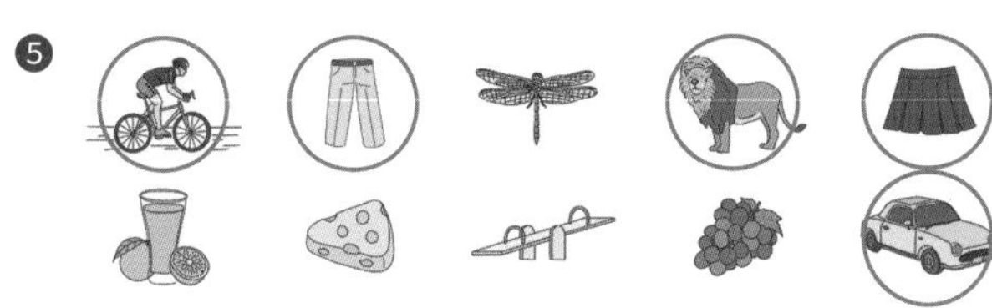

❻ 치마, 바지, 모자, 자동차, 사자, 배추, 치즈, 잠자리

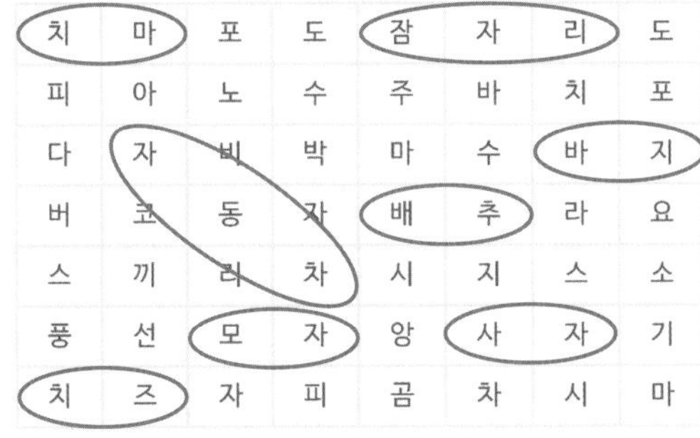

치	마	포	도	잠	자	리	도
피	아	노	수	주	바	치	포
다	자	비	박	마	수	바	지
버	코	동	자	배	추	라	요
스	끼	리	차	시	지	스	소
풍	선	모	자	앙	사	자	기
치	즈	자	피	곰	차	시	마

❼ 배추, 바지, 사자, 치즈, 치마, 자동차, 자전거, 잠자리

12. ㄹ

❹ ㄹ은 모두 5개예요.

❺

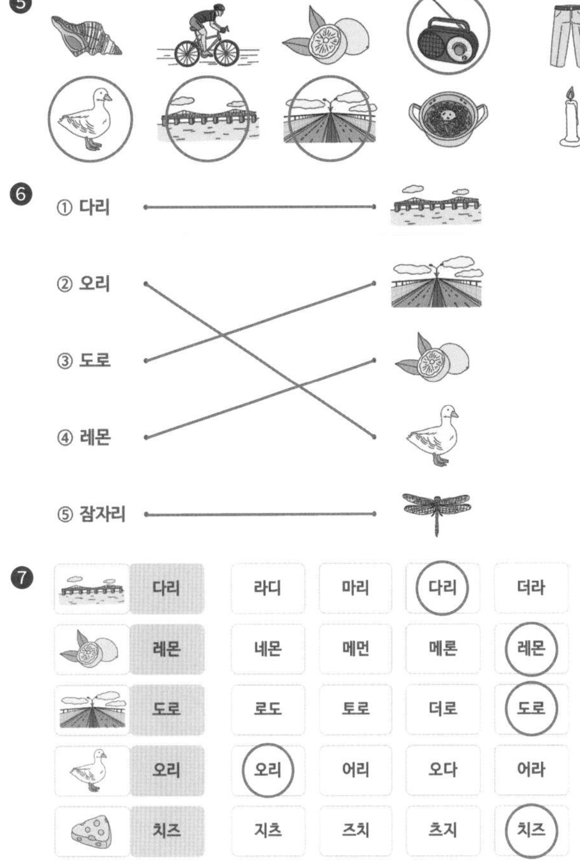

❻
① 다리
② 오리
③ 도로
④ 레몬
⑤ 잠자리

❼

	다리	라디	마리	(다리)	더라
	레몬	네몬	메먼	메론	(레몬)
	도로	로도	토로	더로	(도로)
	오리	(오리)	어리	오다	어라
	치즈	지츠	즈치	츠지	(치즈)

❽ 레몬, 다리, 도로, 오리, 라디오, 라면, 소라, 잠자리

13. ㅎ

❹ ㅎ은 모두 8개예요.

❺

❻ 허수아비, 해, 호수, 호두, 하마, 호랑이, 휴지, 해바라기

❼ 하마, 호랑이, 해, 해바라기, 호수, 휴지, 호두, 허수아비

14. 

❹ 까는 2개, 따는 1개, 빠는 3개, 싸는 2개, 짜는 3개예요.

❺

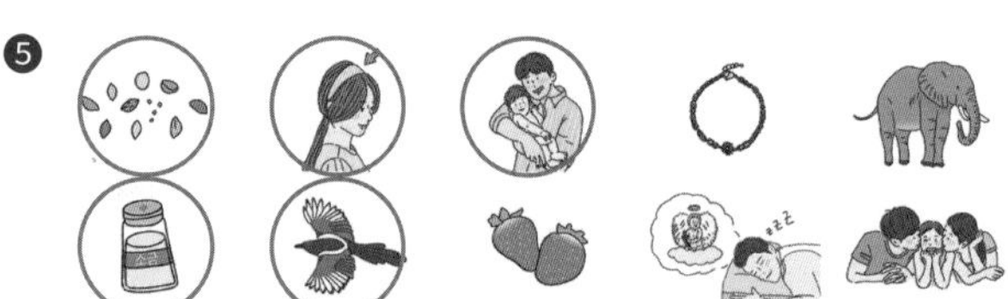

❻

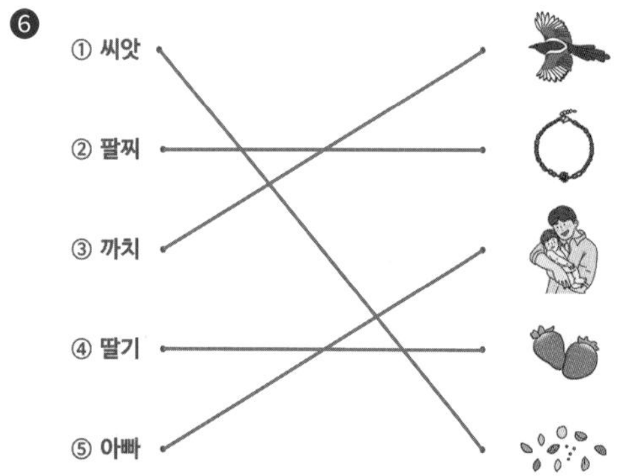

❼

까치 가찌 차끼 까치 까지
딸기 달기 딸기 말기 날기
아빠 아빠 아바 아파 어빠
씨앗 시앗 찌앗 지앗 씨앗
짜다 쩌더 자다 자따 짜다

❽ 까치, 아빠, 딸기, 씨앗, 팔찌, 꿈, 머리띠, 쓰다

다시 공부하기

• 88쪽

• 89쪽

• 90쪽

호	후	짜	다	우	요	짜	자	우	요
아	랑	트	지	오	리	그	전	가	개
달	리	이	내	여	소	개	거	우	치
딸	짤	자	해	바	라	기	오	하	마
기	라	두	죽	구	빠	바	지	가	리
마	면	남	자	동	차	파	치	싸	따
가	요	라	시	개	곰	라	리	까	치

• 93쪽

구두, 코끼리, 너구리, 나무, 토마토, 무, 피아노, 바다, 소라, 자전거, 다리, 바지, 치즈, 치마, 하마, 호두

• 94쪽

거미, 코, 키, 나비, 포도, 토끼, 모자, 피자, 호수, 주스, 잠자리, 아빠, 해, 라면, 치마, 씨앗

15. 받침 ㅁ

❹ 감은 모두 3개예요. / 곰은 모두 4개예요. / 밤은 모두 4개예요.

❺

❻ 김치, 엄마, 곰, 꿈, 감, 감자, 구름, 남자

꿈	굽	포	호	잠	다	호	감
피	뽀	뽀	수	하	마	간	갑
구	름	김	오	리	곰	공	지
음	른	치	엄	마	까	치	면
스	끼	납	지	사	씨	간	감
풍	선	남	자	밥	비	이	자
꼼	호	랑	이	아	빠	소	띠

❼ 엄마, 곰, 감, 김치, 남자, 꿈, 감자, 구름

16. 받침 ㅇ

❹ 강은 모두 5개예요. / 병은 모두 2개예요. / 창은 모두 3개예요. / 콩은 모두 3개예요.

❺

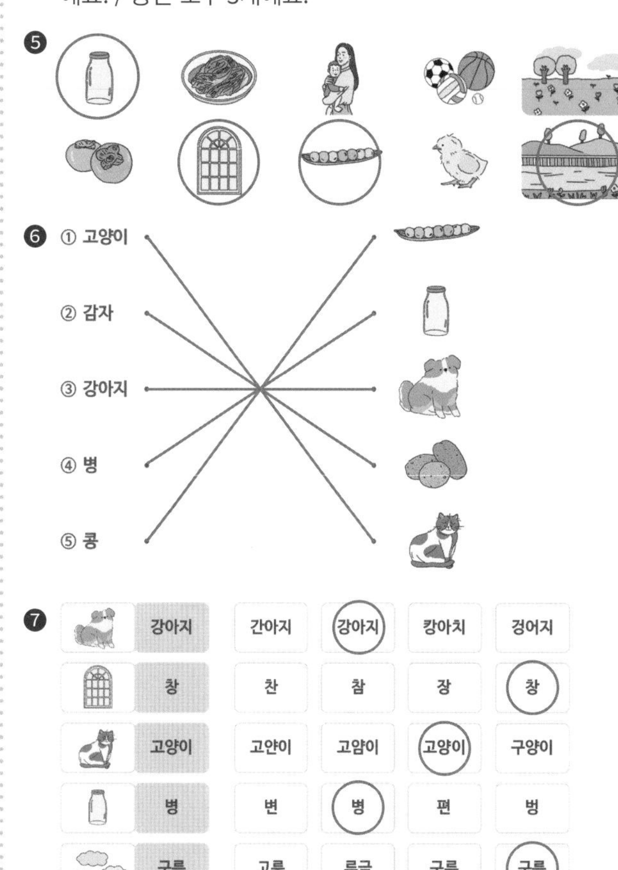

❻

❼

그림	낱말				
	강아지	간아지	강아지	캉아치	겅어지
	창	찬	참	장	창
	고양이	고얀이	고얌이	고양이	구양이
	병	변	병	편	벙
	구름	고릉	루금	구른	구름

❽ 종, 콩, 병, 고양이, 공, 병아리, 창, 강아지

17. 받침 ㄴ, ㄹ

❹ 받침에 ㄴ이 있는 글자는 모두 8개예요. / 받침에 ㄹ이 있는 글자는 모두 7개예요.

❺

❻ 달, 산, 돌, 손, 눈, 발, 돈, 별

콩	달	단	호	잠	돌	동	감
피	당	산	병	하	돈	돔	로
구	름	김	오	아	곰	펼	지
버	발	팔	엄	마	리	범	별
눈	반	양	자	손	송	앗	범
풍	공	우	선	밥	비	리	자
강	호	랑	상	아	빠	기	중

❼ 돌, 돈, 달, 별, 눈, 손, 발, 산

❹ 받침에 ㅂ이 있는 글자는 모두 8개예요. / 받침에 ㅍ이 있는 글자는 모두 4개예요.

❺

❻ 집, 컵, 잎, 숲, 십, 밥, 탑, 입

❼
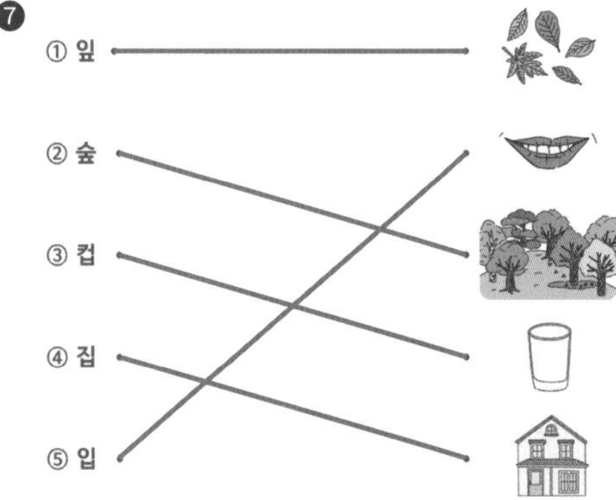

❽
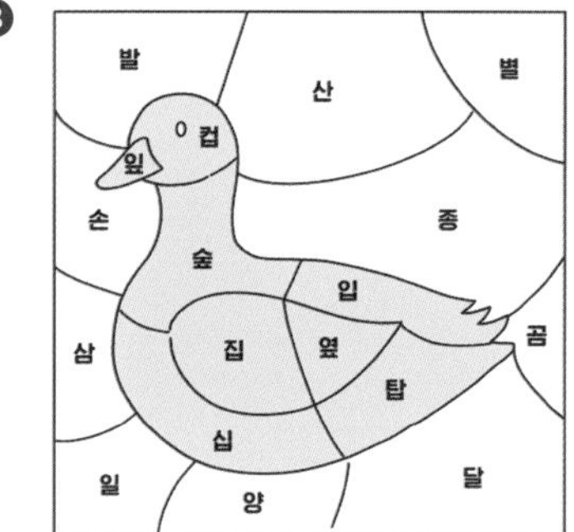

19. 받침 ㄱ, ㄲ, ㅋ

❹ 받침에 ㄱ이 있는 글자는 모두 10개예요. / 받침에 ㄲ이 있는 글자는 모두 3개예요. / 받침에 ㅋ이 있는 글자는 모두 2개예요.

❺

❻ 약, 깎다, 학교, 떡볶이, 악어, 닭다, 수박, 부엌

콩	달	약	악	잠	돌	호	감
수	뽀	산	병	하	탑	강	닭
구	박	부	억	입	곰	휴	다
떡	발	엌	깍	마	집	악	자
볶	복	양	깎	다	엄	어	감
이	잎	우	산	밥	학	탑	역
강	호	랑	이	아	교	꾜	엮

❼
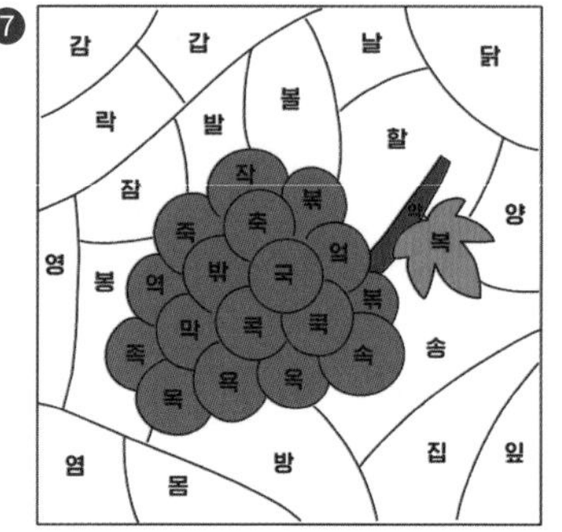

20.

❹ 받침에 ㄷ이 있는 글자는 모두 3개예요. / 받침에 ㅅ이 있는 글자는 모두 3개예요. / 받침에 ㅆ이 있는 글자는 모두 3개예요.

❺ 받침에 ㅈ이 있는 글자는 모두 4개예요. / 받침에 ㅊ이 있는 글자는 모두 3개예요. / 받침에 ㅌ이 있는 글자는 모두 3개예요. / 받침에 ㅎ이 있는 글자는 모두 2개예요.

❻

❼

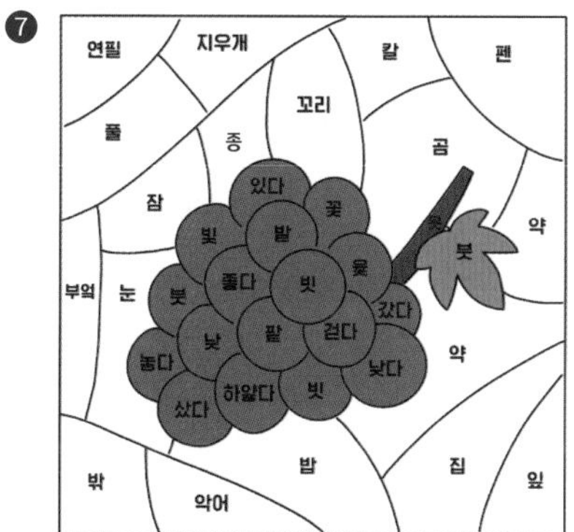

❾ 해돋이, 꽃, 옷, 밭, 낮, 빗, 있다, 좋다

❿

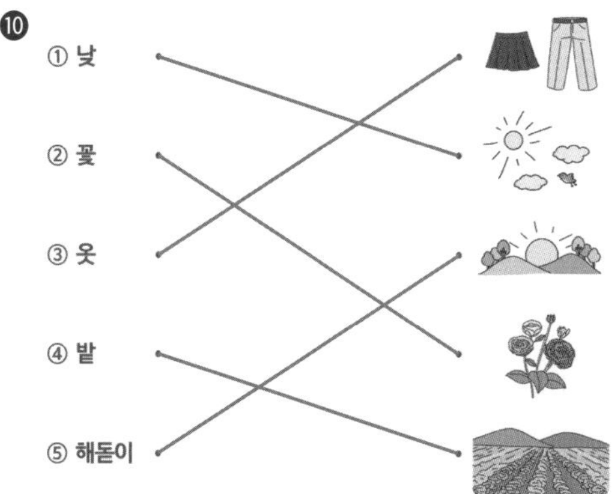

⓫ 낮, 있다, 꽃, 해돋이, 좋다, 옷, 숟가락, 밭

콩	달	약	컵	잠	돌	호	감
죽	낮	낫	병	숫	숟	강	밖
구	름	낟	오	윷	가	휴	옷
버	발	숲	엄	마	락	잇	웆
복	밭	양	꽃	깍	종	있	다
풍	잎	우	좁	종	해	돋	이
강	호	랑	좋	다	도	소	종

21. 겹받침

❹ 받침에 ㄺ이 있는 글자는 모두 6개예요. / 받침에 ㄼ이 있는 글자는 모두 2개예요. / 받침에 ㄶ이 있는 글자는 모두 3개예요.

❺ 받침에 ㅀ이 있는 글자는 모두 3개예요. / 받침에 ㄵ이 있는 글자는 모두 2개예요. / 받침에 ㅄ이 있는 글자는 모두 1개예요.

❻

❼

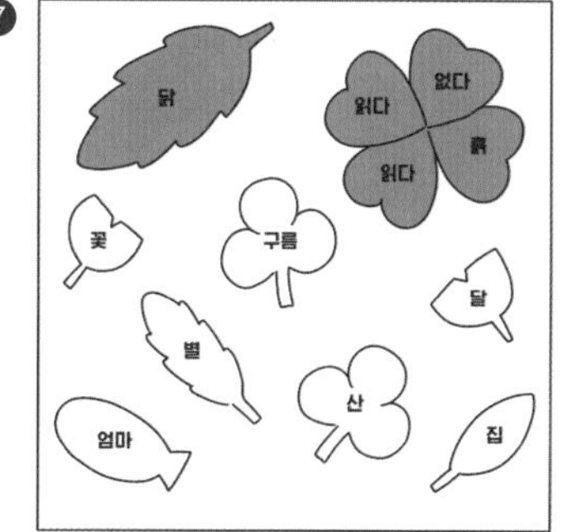

❾ 닭, 많다, 읽다, 넓다, 밝다, 앉다, 없다, 싫다

⑩

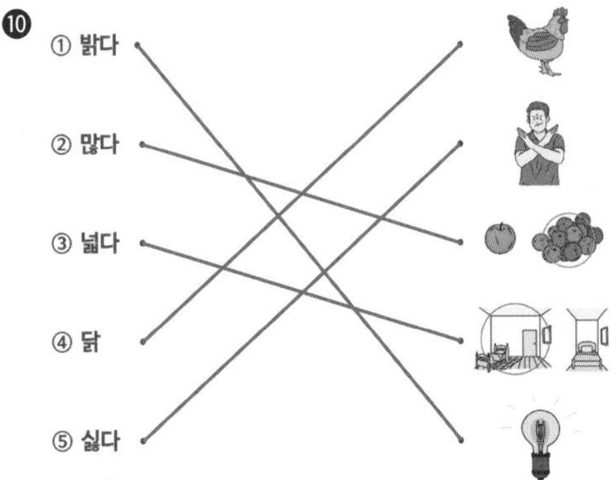

⑪ 밝다, 닭, 많다, 앉다, 없다, 넓다, 싫다, 읽다

널	넓	약	컵	잠	실	싫	감
없	다	산	박	하	싣	다	밖
구	름	김	밝	다	곰	익	익
버	엄	숲	엄	따	집	많	다
볶	밭	닦	꽃	깍	다	만	타
풍	안	닭	따	밥	해	돋	이
강	앉	다	좋	다	엌	읽	다

다시 공부하기

• 140쪽

• 141쪽

십	유	가	거	김	긴	코	끼	리	담
머	디	심	싶	자	치	우	사	지	달
지	콤	병	아	리	다	주	고	구	단
검	공	곤	리	언	엄	수	양	얀	악
잎	곰	노	입	얼	마	어	이	감	리
비	간	감	포	궁	개	우	산	소	순
시	강	자	푸	도	감	너	무	솜	손

• 142쪽

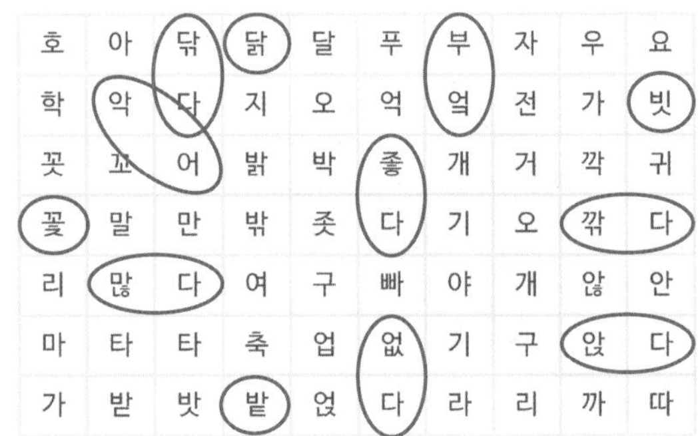

호	아	닥	닭	달	푸	부	자	우	요
학	악	다	지	오	억	엌	전	가	빗
꼿	꼬	어	밝	박	좋	개	거	깍	귀
꽃	말	만	밖	촛	다	기	오	깎	다
리	많	다	여	구	빠	야	개	않	안
마	타	타	축	업	없	기	구	앉	다
가	받	밧	밭	엇	다	라	리	까	따

• 145쪽

엄마, 손, 달, 김치, 감자, 우산, 입, 잎, 고양이, 공, 악어, 깎다, 빗, 닭, 꽃, 없다

• 146쪽

잎, 감자, 우산, 입, 깎다, 고양이, 공, 악어, 김치, 엄마, 손, 달, 앉다, 부엌, 빗, 많다

22. ㅐ, ㅔ

❹ ㅐ가 있는 글자는 모두 4개예요. / ㅔ가 있는 글자는 모두 5개예요.

❺

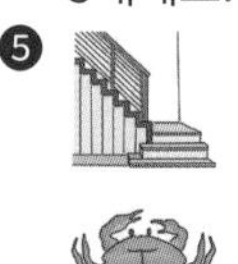

❻
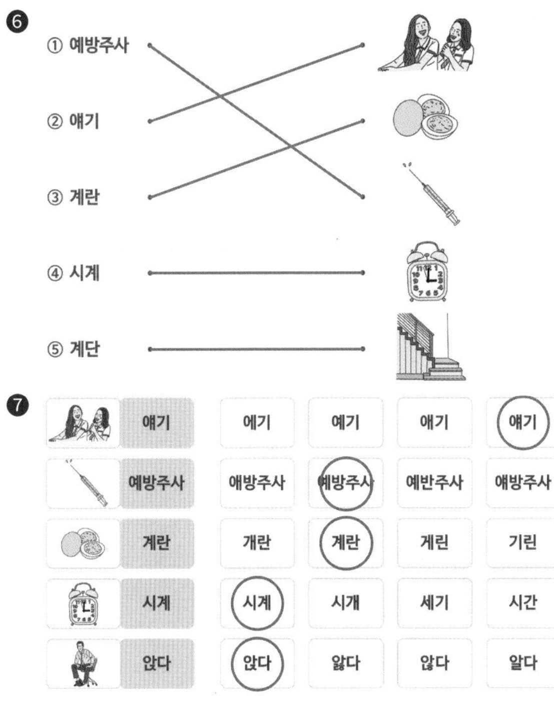

❼

그림	낱말				
	얘기	에기	예기	애기	(얘기)
	예방주사	애방주사	(예방주사)	예반주사	얘방주사
	계란	개란	(계란)	게린	기린
	시계	(시계)	시개	세기	시간
	앉다	(앉다)	앏다	않다	알다

❽ 계란, 계단, 시계, 얘기, 폐, 예방주사

23. ㅘ, ㅝ

❹ ㅘ가 있는 글자는 모두 6개예요. / ㅝ가 있는 글자는 모두 5개예요.

❺

❻ 타워, 사과, 화장실, 더워요, 소방관, 원숭이, 병원, 소화기

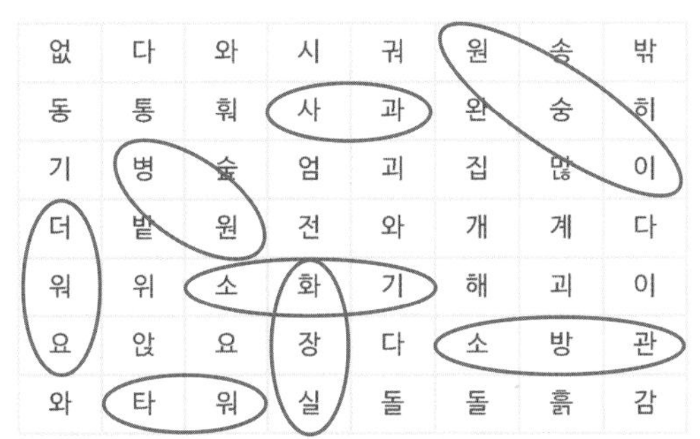

없	다	와	시	궈	원	송	밖
동	통	훠	사	과	완	숭	히
기	병	숲	엄	괴	집	많	이
더	밭	원	전	와	개	계	다
워	위	소	화	기	해	괴	이
요	앉	요	장	다	소	방	관
와	타	워	실	돌	돌	흙	감

❼ 사과, 타워, 화장실, 원숭이, 소방관, 소화기, 더워요, 병원

24. ㅟ, ㅢ

❹ ㅟ가 있는 글자는 모두 6개예요. / ㅢ가 있는 글자는 모두 2개예요.

❺
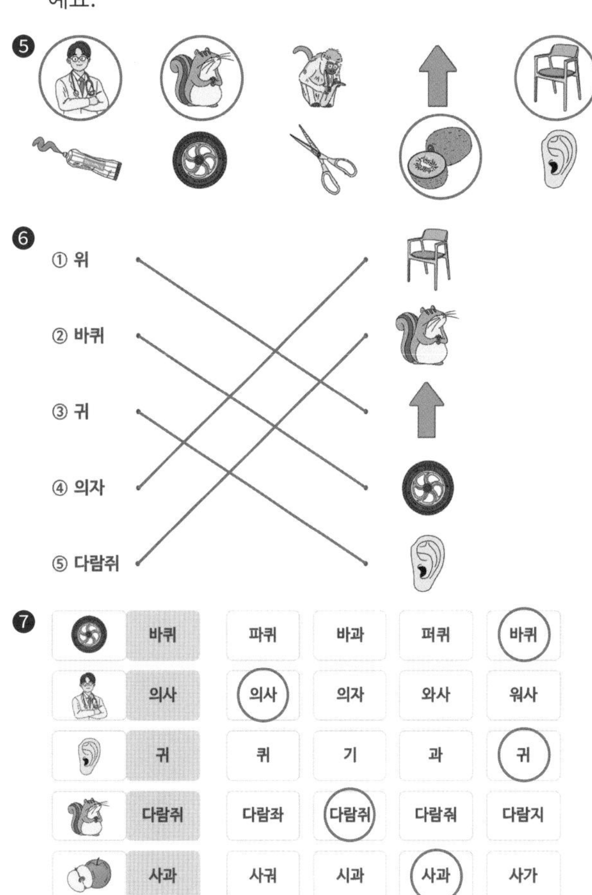

❼

그림	낱말				
	바퀴	파퀴	바과	퍼퀴	(바퀴)
	의사	(의사)	의자	와사	워사
	귀	퀴	기	과	(귀)
	다람쥐	다람좌	(다람쥐)	다람줘	다람지
	사과	사궈	시과	(사과)	사가

❽ 의자, 위, 귀, 키위, 의사, 가위, 다람쥐, 바퀴

25. ㅙ, ㅚ, ㅞ

❹ ㅙ가 있는 글자는 모두 5개예요. / ㅚ가 있는 글자는 모두 6개예요. / ㅞ가 있는 글자는 모두 5개예요.

❺ 돼지, 교회, 열쇠, 참외, 스웨터, 최고, 웨딩드레스, 왜가리

콩	타	퉤	컵	위	왜	흙	감
없	다	돼	지	웨	가	규	밖
참	잠	화	치	사	리	교	회
외	위	퀴	열	쇠	집	구	희
흰	나	비	전	채	최	애	스
워	잎	왜	외	취	고	구	웨
요	앉	웨	딩	드	레	스	터

❻

❼ 열쇠, 스웨터, 돼지, 교회, 참외, 최고, 웨딩드레스, 왜가리

다시 공부하기

• 174쪽

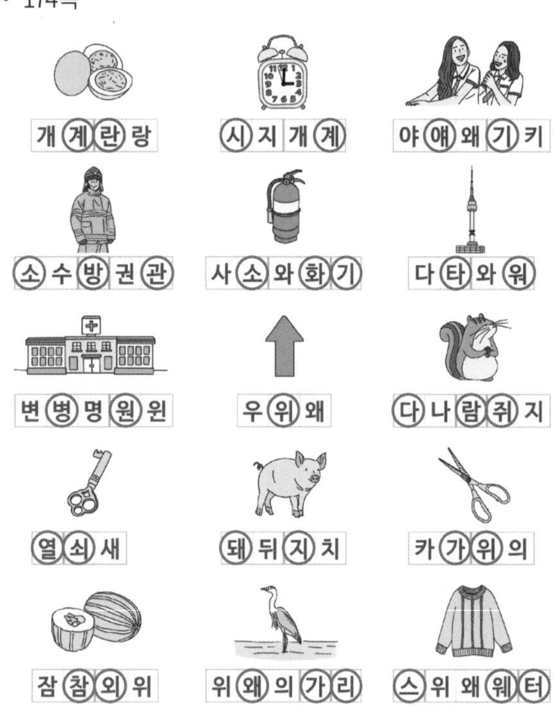

• 175쪽

의	사	최	고	게	개	시	사	과	담
자	라	교	구	계	란	우	소	방	관
지	초	병	아	리	뒈	돼	고	구	단
검	소	화	기	연	영	지	다	더	악
잎	곰	노	키	열	쇠	어	추	워	유
비	왜	가	리	이	새	얘	아	요	오
스	웨	터	우	위	감	예	기	솜	손

• 176쪽

호	아	파	다	카	푸	부	자	우	요
흔	한	박	람	쿠	억	우	왜	와	빗
흰	바	퀴	쥐	키	기	개	가	구	귀
찬	공	사	밝	워	위	기	리	라	다
리	시	계	야	구	밝	야	수	골	시
잠	찬	워	의	으	없	스	웨	터	개
참	외	밧	자	사	다	라	투	까	치

• 179쪽

소화기, 원숭이, 더워요, 계란, 귀, 키위, 의사, 바퀴, 다람쥐, 열쇠, 돼지, 왜가리, 의자, 참외, 최고, 스웨터

• 180쪽

귀, 바퀴, 키위, 병원, 계란, 사과, 타워, 얘기, 소화기, 위, 원숭이, 더워요, 다람쥐, 왜가리, 열쇠, 돼지

책 만들기

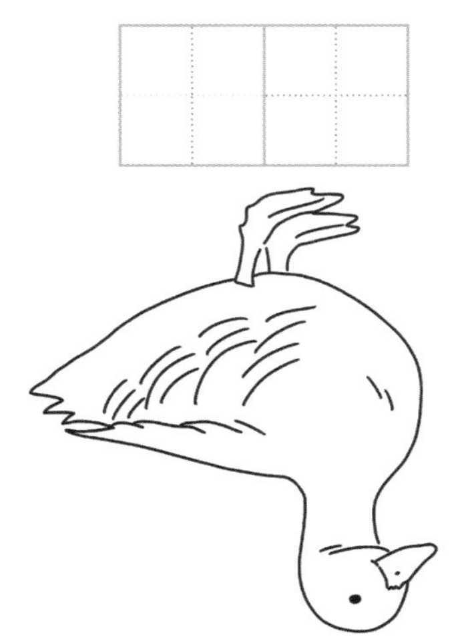

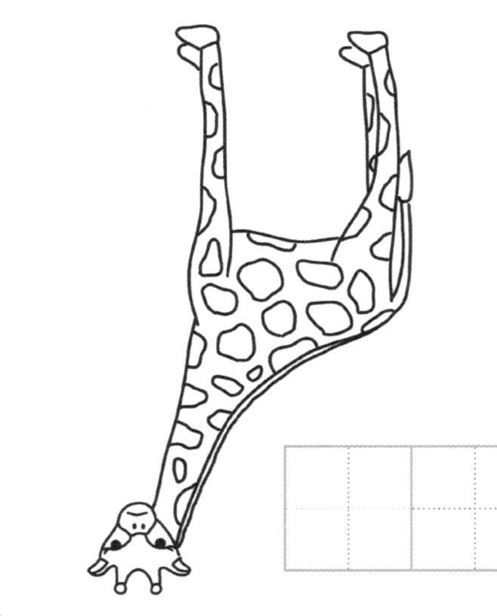

좋아하는 동물을 그려 보세요.

동물

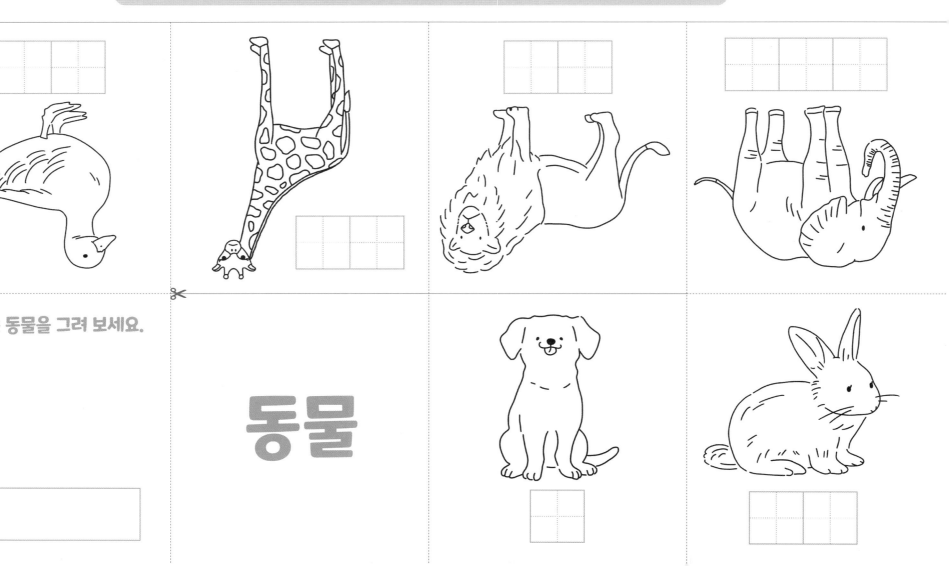

책 만들기

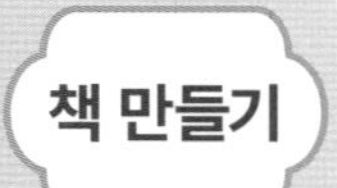
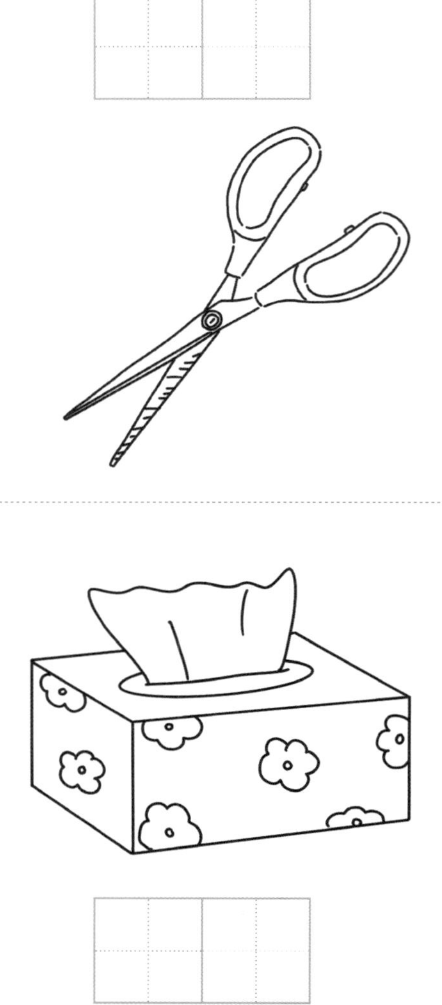

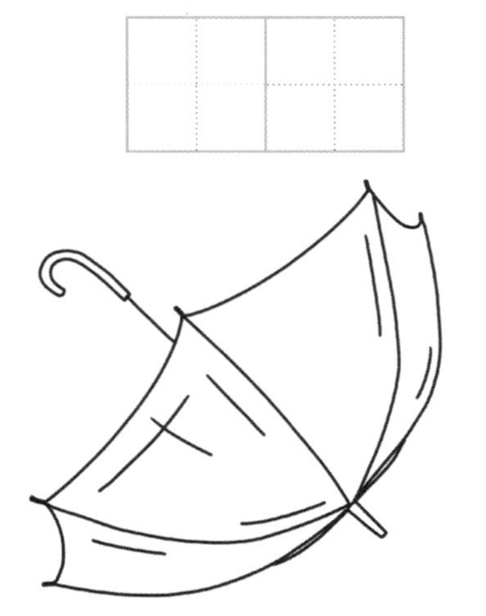

오늘 쓴 물건을 그려 보세요.

물건

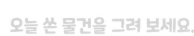

책 만들기

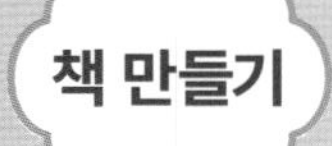

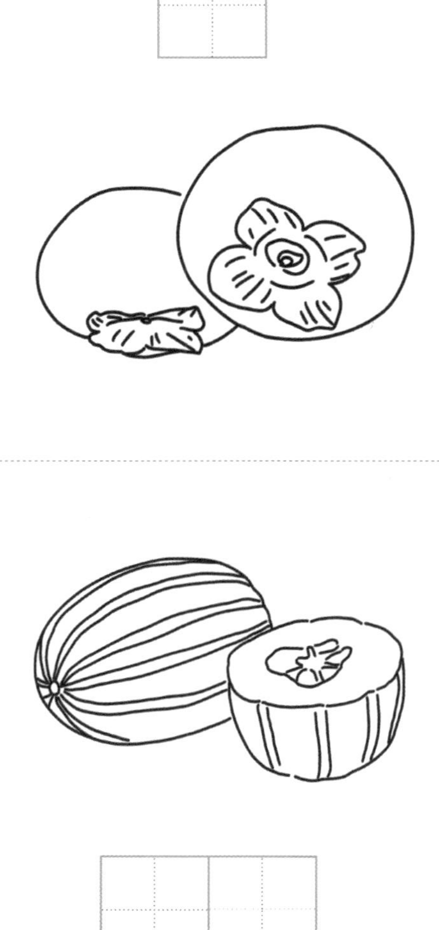

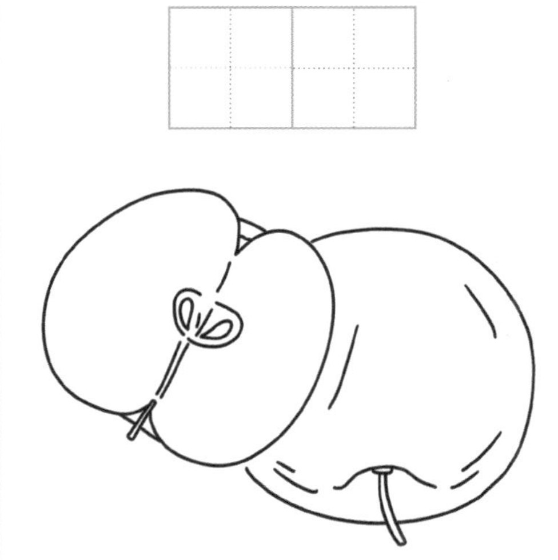

좋아하는 과일을 그려 보세요.

과일

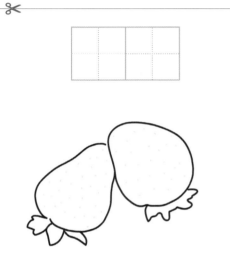

개정 한국어 교육과정에 따라 새롭게 선보이는

《초등학생을 위한 표준 한국어》

《초등학생을 위한 표준 한국어》는 본교재 11권, 익힘책 11권,
교사용지도서 11권으로 구성되어 있습니다.

• 본교재 11권

• 익힘책 11권

• 교사용지도서 11권

개정 한국어 교육과정에 따라 새롭게 선보이는

《중고등학생을 위한 표준 한국어》

《중고등학생을 위한 표준 한국어》는 본교재 6권, 익힘책 6권,
교사용지도서 6권으로 구성되어 있습니다.

• 본교재 6권

• 익힘책 6권

• 교사용지도서 6권

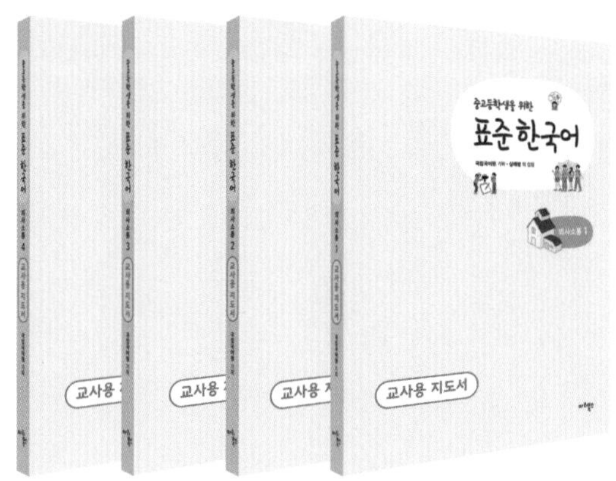

김정심
공립 한누리학교를 비롯한 다문화교육기관에서 제2 언어로서의 한국어를 공부하는 학생들에게 한국어를 가르치고 있다. 지난 10여 년 동안 20개국이 넘는 세계 각국의 학생들에게 한국어를 가르친 경험을 바탕으로, 더욱 재미있고 효율적인 한국어 학습을 위한 다양한 교재와 교수법을 연구하고 있다. 한국 생활과 학교생활 적응을 위한 교재 집필도 계속하고 있다.

이혜영
공립 한누리학교를 비롯한 다문화교육기관에서 제2 언어로서의 한국어를 공부하는 학생들에게 한국어를 가르치고 있다. 지난 10여 년 동안 20개국이 넘는 세계 각국의 학생들에게 한국어를 가르친 경험을 바탕으로, 더욱 재미있고 효율적인 한국어 학습을 위한 다양한 교재와 교수법을 연구하고 있다. 특히 그림책으로 재미있게 공부하는 한국어 수업에 관심을 가지고 학생들을 지도하고 있다.

KOREAN for BEGINNERS
KSL 한국어 첫걸음

초판 인쇄 2023년 9월 20일
초판 발행 2023년 9월 30일

지은이 김정심, 이혜영
펴낸이 정은영
편집 정지연, 박지혜
표지디자인 마인드윙
내지디자인 허석원
일러스트 조은별

펴낸곳 마리북스
출판등록 제2019-000292호
주소 (04037) 서울시 마포구 양화로 59 화승리버스텔 503호
전화 02)336-0729, 0730 팩스 070)7610-2870
홈페이지 www.maribooks.com
Email mari@maribooks.com
인쇄 (주)신우인쇄

ISBN 979-11-93270-03-5 (13710)